LE GÉNÉRAL

COMTE DONZELOT

(1764-1843)

PAR

L'abbé Auguste ROSSIGNOT

Extrait des *Annales franc-comtoises*. — 1902.

BESANÇON
IMPRIMERIE VEUVE PAUL JACQUIN
1902

FRANÇOIS-XAVIER DONZELOT

GÉNÉRAL DE BRIGADE

D'après une peinture du temps

LE GÉNÉRAL
COMTE DONZELOT

(1764-1843)

PAR

L'abbé Auguste ROSSIGNOT

Extrait des *Annales franc-comtoises*. — 1902

BESANÇON
IMPRIMERIE VEUVE PAUL JACQUIN

1902

LE

GÉNÉRAL COMTE DONZELOT

(1764-1843)

Quelques toiles léguées au musée de peinture de Besançon, un portrait en pied, peint par Jean Gigoux et faisant partie de la collection qui orne la grande salle de la mairie de cette ville, ont sauvé de l'oubli le nom de Donzelot. Mais ce général mérite mieux qu'un simple souvenir, et nous ne croyons pas qu'il soit inutile de rappeler à ses compatriotes ses hautes qualités et ses éminents services (1).

Sa fortune militaire n'a pas été aussi rapide que celle de certains généraux de la Révolution et de l'Empire, dont il n'avait peut-être ni l'entrain ni la fougue chevaleresque; mais il fut un brave soldat,

(1) BIBLIOGRAPHIE. Thiers : *Histoire de la Révolution; Histoire du Consulat et de l'Empire.*

Mémoires du général baron Thiébault.

Mémoires du général baron Marbot.

Correspondance du maréchal Davout.

G. Panthier : *Les îles Ioniennes pendant l'occupation française et le protectorat anglais*, d'après des documents authentiques tirés des papiers du général de division comte Donzelot.

Le marquis de Sainte-Croix : *Statistique de la Martinique.*

Gaston Laudes : *Notice sur la Martinique*, publiée à l'occasion de l'Exposition universelle de 1900.

Aug. Castan : *Catalogue des peintures, dessins et sculptures des musées de Besançon.*

Parmi les documents manuscrits concernant le général Donzelot, nous avons eu entre les mains seize lettres adressées par lui à sa sœur, Mlle Claire Donzelot; quatre lettres de celle-ci à l'une de ses nièces, une lettre du général à M. Mercier; mais ces lettres ne traitent que d'affaires de famille et n'ont aucun intérêt historique.

Aux archives du ministère de la guerre, nous avons pu obtenir une pièce importante, les *États de service* du général Donzelot.

n'épargnant ni son sang ni ses peines, général intelligent, organisateur habile et probe, ayant le sang-froid, la persévérance, la fidélité des Comtois, toujours à l'écart des factions et sans autre ambition que celle du devoir. Il fut un homme modeste, ne cherchant pas les honneurs, et si les honneurs sont venus le trouver, il n'a certainement pas eu tous ceux qu'il a mérités. La campagne d'Égypte, le gouvernement des îles Ioniennes et celui de la Martinique sont les étapes principales d'une carrière qu'il commença dans le service de l'état-major et qu'il termina, dans une douce et honorable retraite, à l'âge de quatre-vingts ans.

LA FAMILLE DONZELOT

François-Xavier Donzelot naquit à Mamirolle, le 6 janvier 1764; il était le fils aîné de François Donzelot et de Jeanne-Baptiste Maire (1). Il eut un frère nommé Joseph, qui le suivit comme adjoint d'état-major à l'armée du Rhin et fut tué sous ses yeux en Égypte, au siège du Caire, dans une attaque contre Boulacq, le 15 avril 1800 (25 germinal an VIII). Une de ses sœurs épousa le sieur Drouhard, dont elle eut un fils et trois filles. Son autre sœur demeura célibataire, comme lui, et se dévoua aux soins de son père, de sa mère et des autres membres de sa famille. Le général avait pour elle une affection profonde et il était avec elle en correspondance suivie. C'est à elle que sont adressées seize des lettres qui nous ont été communiquées. Elle devint l'intendante de sa maison de Ville-Évrard et fut, pendant onze années, la compagne intelligente et dévouée de sa retraite.

François Donzelot, père du général, était issu d'une ancienne et très honorable famille de Mamirolle. Un membre de cette famille, Antoine Donzelot, était curé de Chalèze au commencement du XVIIe siècle et il fondait une chapellenie dans l'église de Mamirolle, le 11 mars 1624. Ce bénéfice, qui consistait en quatorze ouvrées de vignes situées sur le territoire de Chalèze, devait être, d'après la

(1) Acte de baptême du général Donzelot : « François-Xavier, fils de François Donzelot et de Jeanne-Baptiste Maire, mari et femme, est né le six janvier et a été baptisé le même jour de l'an mil sept cent soixante-quatre. Ses parrain et marraine sont Sébastien-Xavier Patton, curé de Mamirolle, et Françoise Michel. Ledit enfant a été baptisé par M. Mairot, vicaire de Nancray.

« Signé : Patton, curé. »

teneur de l'acte de fondation, attribué de préférence aux clercs de la famille du fondateur (1). Cette réserve, ainsi qu'un religieux désir, inspira-t-il aux parents du futur général la pensée de diriger leur fils vers l'état ecclésiastique ? La chose est possible, puisque, d'après une tradition bien établie, le jeune François-Xavier aurait commencé ses études dans ce but. Quoi qu'il en soit, selon la juste remarque d'un historien franc-comtois (2), toute famille du peuple ayant un prêtre se rapprochait de la bourgeoisie et finissait presque toujours par y entrer. C'est ce qui était arrivé pour la famille Donzelot. D'ailleurs, les bonnes relations de celle-ci avec le clergé de la paroisse nous sont attestées par l'acte de baptême du général : né le 6 janvier, il fut baptisé le même jour et eut pour parrain M. Patton, curé de Mamirolle (3).

Du côté maternel, l'origine de Donzelot n'est pas moins honorable. Sa mère était d'une famille bien connue de Besançon : l'un de ses frères était procureur au parlement ; l'autre, M. Maire aîné, fut, pendant longtemps, secrétaire particulier du maréchal de Contades (4). Il s'intéressait vivement aux enfants de sa sœur ; nous le voyons par deux de ses lettres à son beau-frère et nous en avons une preuve plus évidente encore dans la vénération et la profonde reconnaissance que lui avait vouées le général Donzelot. « Ne cessez, dit-il à sa sœur, de donner à notre oncle tous les soins que nous commandent nos cœurs. Vous ajouterez, s'il est possible, à notre tendre attachement (5). » « Embrassez-le pour moi. Par les soins que vous

(1) *Pouillés du diocèse de Besançon.* Paroisse de Mamirolle.

(2) *Histoire de la Franche-Comté ancienne et moderne*, t. II, p. 514.

(3) M. Patton fut curé de Mamirolle du 13 février 1759 jusqu'à la Révolution. A ce moment, ayant refusé de prêter serment à la constitution civile du clergé et âgé de soixante-sept ans, il s'était retiré à Grandfontaine, dans sa famille. En décembre 1792, il fut enfermé, avec d'autres prêtres, au grand séminaire de Besançon, transféré dix mois plus tard à Dijon et, enfin, incarcéré au couvent des capucins de Besançon, le 15 janvier 1793, en même temps que vingt autres prêtres âgés ou infirmes.

(4) La famille de Contades est originaire du Béarn. Louis-Georges-Érasme, marquis de Contades, est né en 1704 ; il prit part aux campagnes d'Italie et des Pays-Bas. Après la prise de Berg-op-Zoom, il fut appelé à remplacer le comte de Lœwendhal et commanda la première ligne d'infanterie à la bataille d'Hostembeck. Ses exploits contre l'armée hanovrienne lui valurent, en 1758, le bâton de maréchal et il combattit pendant toute la guerre de Sept ans. Il mourut en 1795, doyen des maréchaux de France.

(5) Lettre datée de Turkheim, le 14 prairial an V.

prenez de ses jours, qui nous sont si précieux, vous ajoutez à ma sensibilité [1]. » « Communiquez cette lettre à notre oncle vénérable. Qu'il y trouve l'expression de nos tendres sentiments [2]. » « C'est le patriarche de notre famille, la source de nos prospérités. Il doit être à jamais l'objet de notre vénération et de notre amour [3]. »

La situation de la famille Donzelot lui permettait donc de donner une certaine éducation à ses enfants : elle n'y manqua pas, et nous verrons que le général était, sous ce rapport, bien supérieur à d'autres officiers de l'empire arrivés à une situation beaucoup plus haute que la sienne. Il avait fait des études très complètes, comme le prouvent ses lettres, qui sont bien plus d'un littérateur que d'un soldat. Sans doute, elles se ressentent de l'emphase de l'époque, mais elles sont d'un style aisé et correct et témoignent de sentiments qu'on est étonné de rencontrer chez un vieux guerrier. Où fit-il ses études ? Nos recherches n'ont pu nous le faire découvrir. En tous cas, si, comme une tradition de famille le rapporte, il fut destiné à l'état ecclésiastique, sa vocation l'appelait ailleurs et, obéissant à son attrait, dès l'âge de dix-neuf ans il contractait un engagement dans un régiment de l'armée royale.

DÉBUTS MILITAIRES

Donzelot s'enrôla, le 28 octobre 1783, dans le régiment de *Royal Marine* (infanterie) qui, depuis cinq ans déjà, était en Corse, chargé de défendre cette île contre les révoltes de la population et une surprise, toujours à craindre, des Anglais. Ce régiment était commandé par le comte de Lons, Béarnais comme le maréchal de Contades. Sans doute, cette circonstance avait déterminé le jeune Donzelot à faire choix de ce régiment. Mais le colonel de Lons ayant été nommé maréchal de camp en 1784, Donzelot perdait en lui un protecteur. D'ailleurs, on sait combien il était difficile à un roturier de se faire, avant la Révolution, une situation dans l'armée : tous les grades s'achetaient depuis celui de lieutenant ; un édit du 22 mars 1781 exi-

(1) Lettre datée de Paris, le 22 prairial an XI.

(2) Lettre datée de Brest, le 3 fructidor an XII.

(3) Lettre datée de Corfou, le 23 juin 1811. — A cette époque, M. Maire habitait à Besançon, rue de la Lue, n° 26. Il avait une maison de campagne à Chambornay ; son frère puîné en avait une à Sauvagney.

geait même de tout candidat au grade d'officier qu'il fît preuve, devant le généalogiste Chérin, de quatre générations de noblesse. Donzelot ne pouvait donc arriver qu'à un grade inférieur, malgré ses talents et son instruction. Cette considération et d'autres motifs peut-être le décidèrent à demander son renvoi (1). Le 28 septembre 1786, avant la fin de son engagement, Donzelot fut donc congédié *par grâce*, et il rentra dans sa famille. Le régiment de *Royal Marine*, où il avait commencé sans succès sa carrière, devait un jour se fixer non loin de son pays natal : il est devenu le 60e régiment d'infanterie, aujourd'hui en garnison à Besançon (2).

Cependant Donzelot n'avait renoncé qu'à regret à un métier pour lequel il se sentait une vraie vocation. Il crut pouvoir, à l'exemple de son oncle Maire, trouver de plus sérieuses espérances d'avenir dans les secrétariats de l'armée. Il ne perdit donc point les deux années qui suivirent sa sortie du régiment, et, en complétant son instruction, il se prépara plus spécialement aux fonctions qu'il devait remplir.

Le 1er juin 1789, il était nommé secrétaire du commandant en chef de la province d'Alsace; mais ce n'était là qu'un poste d'attente, et, le 1er septembre suivant, il passait, en la même qualité, dans la province de Franche-Comté. Le commandement y était alors exercé par le marquis de Langeron, homme d'honneur, dévoué au roi, mais attaché aux idées nouvelles, et qui remplit ses fonctions pendant toute la première phase de la Révolution. Pour principaux auxiliaires, il avait son gendre, M. de Saint-Mauris, et surtout le comte de Narbonne, colonel du régiment de Piémont (3). Celui-ci, dès son arrivée à Besançon, avait conquis une influence bien plus grande que celle que comportaient ses fonctions. La garde nationale, aussitôt qu'elle fut formée, élut M. de Narbonne comme commandant général, poste auquel il fut maintenu, non sans difficultés, lorsque la nouvelle milice reçut son organisation définitive, en septembre 1789,

(1) Jourdan, Joubert, Kleber venaient de quitter l'armée pour des carrières civiles ou le service à l'étranger. Hoche était sergent aux gardes, Marceau, Ney, Augereau, Bernadotte, Championnet, Friant et beaucoup de futurs généraux de la république et de l'empire étaient sous-officiers et sans espoir d'avancement

(2) Voir *Historique du 60e régiment d'infanterie*.

(3) La garnison de la ville de Besançon se composait de quatre régiments : Monsieur (infanterie), Piémont (infanterie), Dauphin (cavalerie), Metz (artillerie).

au moment même de l'arrivée de Donzelot. Celui-ci, à raison de ses fonctions auprès de M. de Langeron, était en relations nécessaires et suivies avec le comte de Narbonne. Sous son inspiration peut-être, et grâce à la popularité dont il jouissait auprès de ses compatriotes, Donzelot fut élu lui-même commandant de la garde nationale de Mamirolle, le 10 janvier 1790. On sait que ce commandement n'était pas sans importance, malgré le ridicule qu'on a jeté sur cette institution. Composée des anciennes milices, la garde nationale fut surtout une association de bourgeois et de gens du peuple armés pour maintenir la paix publique et défendre les villes et les campagnes contre cette terreur des brigands qui, dès le milieu de 1789, se répandit dans toute la France. Comme le colonel de Narbonne [1], Donzelot sut concilier ses nouvelles fonctions avec celles qu'il remplissait déjà, et il demeura secrétaire du commandant en chef de Franche-Comté jusqu'au 1er novembre 1791.

Alors il fut appelé à remplir le service de commis dans les bureaux de la guerre, où il ne devait pas tarder à retrouver M. de Narbonne. Celui-ci, continuant à acquérir une popularité de plus en plus grande, était désigné par l'opinion pour le portefeuille du ministère de la guerre. Il fut, en effet, nommé ministre le 6 décembre 1791, un mois après l'arrivée de Donzelot à Paris. Ce ne fut sans doute pas sans satisfaction que l'un et l'autre se retrouvèrent, mais leur rencontre ne devait pas être de longue durée. Malgré toute l'activité qu'il déploya pour l'organisation de l'armée, les idées du comte de Narbonne n'étaient pas en harmonie avec celles des jacobins; d'ailleurs, quelques contestations s'étaient élevées entre lui et le ministre de la marine, et il s'apprêtait à quitter le ministère, lorsqu'il fut destitué le 10 mars 1792 [2]. Donzelot conserva son emploi jusqu'au mois de septembre de la même année. Alors la démagogie était maîtresse dans la rue, le roi prisonnier au Temple, les massacres organisés dans les prisons. Dès le 11 juillet, la patrie avait été déclarée en danger et Dumouriez, qui avait succédé à Lafayette, réorganisait notre armée avec les volontaires et les vieilles troupes de ligne.

(1) Cf. *Le comte Louis de Narbonne à Besançon*, par M. Edouard Besson. *Mémoires de la Société d'émulation du Doubs*, année 1890.

(2) Décrété d'accusation après la journée du 10 août et mis hors la loi, M. de Narbonne se réfugia à Londres. Il quitta l'Angleterre lorsque les hostilités

L'ennemi avait pris Longwy et Verdun et toutes nos forces étaient appelées à la frontière.

C'est donc le 18 septembre que Donzelot fut nommé adjoint aux adjudants généraux de l'armée du Nord. Ses études et ses travaux l'avaient sérieusement préparé à cet emploi, et c'est dans le service d'état-major qu'il devait révéler sa supériorité; mais, en ce moment, la nation avait surtout besoin de combattants et à peine Donzelot était-il arrivé au corps, qu'il fut nommé sous-lieutenant au 21e régiment de cavalerie. Sa nomination d'adjoint est du 18 septembre 1792, et celle de sous-lieutenant du 22 du même mois. Dans cet intervalle de quatre jours avait eu lieu la bataille de Valmy.

PREMIÈRES CAMPAGNES

Si Donzelot ne put assister à cette grande et décisive bataille, il prit part aux expéditions qui suivirent et fit la campagne de Belgique avec l'armée de Dumouriez. Alors son avancement fut rapide, car six mois après sa nomination de sous-lieutenant, nous le voyons lieutenant au 22e régiment de chasseurs. Ce stage dans différents corps de troupes devait être utile à Donzelot pour l'initier à la vie du soldat et le préparer mieux encore au service dans lequel il allait bientôt rentrer.

Après la défection de Dumouriez (2 avril 1793), Dampierre avait été nommé au commandement de l'armée du Nord, et c'est aux côtés de ce général que Donzelot reçut sa première blessure. Un coup de feu l'atteignit à la jambe gauche dans une des affaires du camp de Famars. Famars, village du département du Nord, à cinq kilomètres de Valenciennes, est situé auprès d'un ancien camp romain. Dampierre s'était fortifié dans ce camp, mais après plusieurs attaques, il y fut forcé, et, en se retirant sur Bouchain, il livra le combat

commencèrent entre cette puissance et la république. Il passa en Suisse et en Saxe, puis revint en France en 1800. En 1809, le ministre de la guerre lui rendit son grade de lieutenant général et il fut nommé ministre plénipotentiaire en Bavière. Grand seigneur, militaire instruit, doué de beaucoup d'à-propos et de grâce, M. de Narbonne plaisait à l'empereur et il était merveilleusement propre à réussir dans les missions auxquelles il fut employé en 1812 auprès de l'empereur Alexandre et, en 1813, auprès de l'empereur d'Autriche. Il mourut à Torgau, le 17 novembre 1813.

de Valenciennes, où il fut lui-même mortellement blessé. Il mourut le lendemain, 9 mai 1793. Dampierre avait nommé Donzelot adjudant général, chef de brigade, le 7 avril, et cette nomination, qui n'était faite qu'à titre provisoire, fut confirmée le 15 mai suivant. Le grade d'adjudant général, créé par le duc de Choiseul, répondait à une situation intermédiaire entre les colonels et les généraux, analogue à celle de nos anciens colonels d'état-major.

Le 21 juin 1793, Donzelot avait reçu un emploi de ce grade à l'armée d'Italie; mais, étant tombé malade en route, il ne put rejoindre son corps. Peut-être un avenir plus brillant se fût-il levé pour lui s'il avait pu combattre auprès de Bonaparte. On a remarqué en effet, avec raison, que Napoléon eut toujours une prédilection spéciale pour les soldats qui prirent part à ses premières victoires, et cette préférence ne contribua pas peu à entretenir la rivalité qui s'était formée entre les officiers des armées du Rhin et ceux de l'armée d'Italie.

Après sa guérison, le 24 septembre 1793, Donzelot fut envoyé à l'armée du Rhin. Pichegru était alors à la tête de cette armée. Le duc de Brunswick avait bloqué Landau ; Wurmser avait pris Wissembourg, forcé les lignes de la Lauter ; il s'était emparé de Lauterbourg, de Haguenau, de Fort-Vauban. Il s'agissait donc de reconquérir tout ce qu'on avait perdu. Pichegru, reprenant l'offensive, avait emporté le camp de Nothweiler ; Hoche vint à son aide avec l'armée de la Moselle, et les deux armées réunies remportèrent la belle victoire du Geisberg (26 déc. 1793).

Ici nous laisserons la parole au général baron Thiébault, qui vécut à cette époque dans l'intimité de Donzelot et nous donne sur lui les détails les plus intéressants. Dans ses mémoires, dont la publication a eu un grand retentissement, le baron Thiébault est juste et bienveillant pour ses amis, ironique et moqueur pour ceux qu'il juge inférieurs à leur position, amer et haineux pour ceux qui lui ont donné quelque sujet de mécontentement. On peut dire aussi qu'il est une très mauvaise langue, et qu'en médisant des autres pour se vanter lui-même, il révèle bien des choses qui peuvent le faire baisser dans l'estime publique. Ces réserves faites, il n'est pas moins vrai que ce qu'il a écrit de Donzelot est du plus vif intérêt et nous donne une juste idée des talents et du caractère de notre compatriote.

Thiébault avait obtenu une place d'adjoint auprès de l'adjudant général Donzelot, lequel n'avait que son frère pour premier adjoint. Voulant rejoindre son poste, il arriva au moment même où l'armée tout entière étant en mouvement, les troupes du centre forcèrent les Autrichiens à abandonner le Geisberg (26 décembre 1793).

« Le 28 décembre, dit-il, je rejoignis Donzelot à Lachen ; il y remplissait les fonctions de chef d'état-major d'une espèce de division que commandait le général de brigade Girard dit Vieux, et qui faisait partie des troupes placées sous les ordres du général de division Ferino... Quant à Donzelot, et avant même qu'il m'eût parlé, son regard et l'ensemble de sa physionomie m'avaient révélé que j'avais affaire à un homme fin et spirituel ; sa conversation me découvrit une grande instruction, son travail, un zèle ardent pour ses devoirs. Personne n'eût mieux que lui la faculté d'embrasser un sujet en son entier et de le diviser avec ordre et clarté ; il possédait une telle facilité de rédaction que je lui ai vu écrire, avec sa magnifique écriture, des mémoires de sept à huit pages parfaitement rédigés et que l'on aurait pu prendre pour de belles copies, attendu qu'il n'y avait pas une rature (1) ; mais encore, comme il joignait à ces notables avantages un ton et des manières distinguées, je me trouvais à bonne école et en bonne compagnie (2). » Au bas de cette page Thiébault ajoute la note suivante : « Il avait été pendant plusieurs années secrétaire du marquis de Langeron, lieutenant général, et employé par lui à faire un extrait raisonné d'une foule de mémoires sur la défense de nos frontières depuis Besançon jusqu'à Dunkerque, sur nos campagnes vers ces frontières et sur une foule de questions militaires. Ces mémoires étaient accompagnés de plans et de cartes qu'il dessinait très bien ; il avait donc tous les talents d'un officier certainement instruit. »

De Lachen, Donzelot et son adjoint Thiébault se portèrent sur le fort Vauban, que l'ennemi occupait et dont ils devaient faire le siège. Rendus à destination, ils établirent leurs bivouacs le long du bras du Rhin qui sépare sa rive gauche du fort Vauban.

« Un soir, ajoute Thiébault, notre souper achevé, Donzelot prit

(1) Ce que Thiébault dit ici de Donzelot est absolument confirmé par les quelques lettres que nous avons de lui : elles sont d'un style correct et facile, d'une écriture très belle et sans ratures.

(2) *Mémoires* du général baron Thiébault, t. I, p. 481.

une capote, un bonnet de police et me dit d'imiter son exemple puis de le suivre : *Comme vous êtes désireux de savoir,* me dit-il, *je veux vous faire évaluer tout ce que l'on peut apprendre avec nos soldats ; pour cela nous allons nous mêler aux groupes qui entourent les feux et écouter les jaseries de ces gaillards ; vous verrez comment ils jugent les généraux et les opérations de la guerre auxquelles ils ont pris part.* L'épreuve fut complète ; les mouvements, les combats, les batailles, tout fut rappelé, expliqué, commenté ; chaque général fut loué ou blâmé suivant ses mérites ou ses fautes, et je fus étourdi de la manière sévère, mais exacte, avec laquelle, au milieu d'une foule de lazzis plus drôles les uns que les autres, le décompte de chacun fut fait.

« Le lendemain soir nous refîmes une de ces promenades qui amusaient Donzelot autant qu'elles m'intéressaient. Nous étions à peine rentrés chez nous qu'une explosion terrible se fit entendre. » Le fort Vauban et la ville sautaient ; l'ennemi évacuait le fort, et le lendemain les Français prenaient possession des ruines qu'il avait laissées. A la suite de cette affaire, Donzelot fut nommé chef d'état-major d'une division ; Thiébault le suivit.

« Cette division, dit-il, avait même deux généraux de division provisoires, l'un commandant la division, nommé Vachot, l'autre commandant la première brigade, nommé Argoud ; tous deux plus ignorants, plus communs qu'il n'est possible de l'imaginer et à ce point dignes l'un de l'autre qu'ils logeaient et vivaient ensemble.... Un jour que Donzelot eut à parler au général Vachot, vers l'heure du dîner, nous le trouvâmes préparant lui-même ce dîner, en tablier et en bonnet de coton. »

« Donzelot et moi nous nous quittions peu ; comme il parlait bien et par conséquent causait volontiers, comme son érudition militaire lui rendait agréable tout ce qui avait rapport à la guerre, et comme il mettait de la complaisance à répondre à mes questions, nos entretiens devinrent pour moi une source d'instructions d'autant plus utiles que je ne perdais ni un jour ni une heure pour classer et écrire tout ce qu'il m'avait dit. » Le zèle de Thiébault manqua de lui jouer un mauvais tour. « Le moment de la journée, dit-il, où Donzelot était le plus causant était après le souper, que nous prenions à trois, lui, son frère et moi. Or, son frère, garçon plus qu'ordinaire, s'endormait régulièrement en avalant sa dernière bouchée. » Thiébault jasait donc longuement avec Donzelot et, recueillant des notes pendant la nuit, il lui arriva une fois de mettre le feu dans son lit.

En 1794, Pichegru reçut le commandement de l'armée du Nord. Donzelot, aimé et estimé par lui, nous dit Thiébault, conçut le projet de le suivre. Le 6 mars il en reçut l'ordre. Ils revinrent donc à Strasbourg. « Il y a longtemps, dit Donzelot à son adjoint Thiébault, que je n'ai vu ma famille, et je vais profiter de cette occasion pour passer quelques jours à Besançon. » Thiébault éprouva un vif mécontentement de n'avoir pas été prié par son chef de l'accompagner dans ce voyage, et, sans permission, il le suivit à Besançon, où ils restèrent huit jours. Si la première partie du voyage se fit sans difficultés pour Thiébault, il n'en fut pas de même de la seconde. Donzelot était arrivé le 9 avril à Paris et en était parti le 13 pour prendre possession de son poste. Thiébault, retenu pendant plusieurs jours à Dijon comme suspect, ne put le rejoindre que le 20 avril. Alors nous voyons chez Thiébault un changement complet de sentiments à l'égard de Donzelot. On ne veut pas le recevoir à l'état-major et il en rend Donzelot responsable, l'accusant d'être un homme timide et de ne céder qu'à la peur. Thiébault savait bien cependant qu'à cette époque de terreur, tous ceux qui exerçaient un commandement quelconque étaient contrecarrés par les représentants en mission et qu'un brevet de général était souvent un brevet d'échafaud (1). Le général Liébert a beau lui dire plus tard (en 1802) qu'il l'aurait accepté ; les faits démontrent que si Donzelot eut des craintes, elles étaient fondées, car on refusa à Thiébault un certificat de civisme (2).

Sur ces entrefaites, Pichegru poursuivait les Autrichiens en Belgique, et deux fois il les défit sur le plateau d'Hooglède ; Donzelot assista sans doute à ces combats. Quoi qu'il en soit, Thiébault le retrouva à Bruxelles au mois de thermidor, au moment même où l'on apprit la chute de Robespierre. « Alors, dit Thiébault, ma situation vis-à-vis de lui n'était plus la même ; tout ce qui me relevait rape-

(1) Les généraux étaient l'objet de défiances perpétuelles de la part du Comité de salut public : Custine, le 28 août ; Houchard, le 17 novembre ; Biron, le 31 décembre 1773, et Beauharnais, le 23 juillet 1794, montèrent successivement sur l'échafaud.

(2) Le beau-père de Thiébault était en état d'arrestation ; Jouy, son beau-frère, était émigré.

tissait Donzelot vis-à-vis de moi (1). » Après cette injure gratuite à celui qui l'avait instruit et formé avec tant de soin à l'art de la guerre, Thiébault cherche à faire peser comme un déshonneur sur sa mémoire une intrigue galante, dont il fut la victime.

Cependant, de nouvelles victoires sur l'Ourthe et à Aldenhoven ayant contraint les armées allemande et anglaise à la retraite, le chemin de la Hollande fut ouvert à Pichegru, qui poussa jusqu'à Amsterdam et s'empara de la flotte dans les glaces du Zuyderzée.

Les traités de Bâle (avril et juillet 1795) et de la Haye (mai 1795) mirent fin à la campagne, et c'est au moment du premier de ces traités, le 7 avril 1795, que Donzelot fut nommé à l'armée de Rhin-et-Moselle. Il put jouir de quelque répit ; mais dès le mois de septembre, une nouvelle coalition se forma contre la France et il fallut s'occuper de la réorganisation de nos armées. Les forces françaises qui devaient opérer en Allemagne furent divisées en deux armées, l'une sous les ordres de Jourdan et l'autre sous les ordres de Moreau. Celle-ci se forma en Alsace, et, le 6 messidor an IV (24 juin 1796), elle passa le Rhin entre Strasbourg et Kehl, sur un pont de bateaux.

Les détails de cette campagne sont assez connus pour que nous n'ayons pas à les exposer. On sait qu'après avoir battu l'archiduc Charles à Rastadt et à Neresheim, Moreau l'avait rejeté sur la rive droite du Danube ; mais que, découvert sur sa gauche par la défaite de Jourdan à Wurtzbourg, il n'avait plus qu'à organiser sa retraite. Cette retraite fut son plus beau titre de gloire et on a pu la comparer à la retraite des Dix mille. Moreau remonta tranquillement le Danube en faisant marcher ses bagages en avant et trouva encore le moyen de battre l'ennemi à Biberach, sur la Riss. Arrivé dans la vallée du Rhin, il fit passer le fleuve à Desaix avec la gauche par Brisach, et retournant lui-même vers Huningue avec le centre et la droite, il livra un nouveau combat (24 octobre) qui donna à ses bagages le temps de passer et il passa lui-même avec l'armée. Donzelot avait été préposé à la défense du pont d'Huningue pendant ce passage ; il s'acquitta vaillamment de sa mission et reçut deux nouvelles blessures. Deux éclats d'obus l'atteignirent à la bouche et à la tête (29 octobre 1796).

(1) *Mémoires* du général baron Thiébault, t. I, p. 499.

Pendant toute cette campagne, il avait rempli les fonctions de chef d'état-major de l'aile droite de l'armée. Desaix, qui avait le commandement de l'aile gauche, rencontra Donzelot, et ayant conçu pour lui une estime qui devint bientôt de la sympathie, ils se lièrent d'une amitié qui ne se démentit jamais. On a dit que ce sont les ressemblances qui forment les amitiés. Or Desaix était, comme Donzelot, d'un caractère grave et studieux. Bonaparte a dit de lui : « C'était un caractère tout à fait antique. » La même chose a été dite de Donzelot, et Donzelot, comme Desaix, a été appelé par les Arabes *le Sultan juste* (1).

Les armées de Jourdan et de Moreau continuèrent, après leur retraite, à tenir la ligne du Rhin. Jourdan ayant donné sa démission, Hoche le remplaça à l'armée de Sambre-et-Meuse ; mais ces deux armées ne purent que soutenir leur position. Faute de ressources, Moreau ne pouvait tenter le passage du fleuve ; Bonaparte, qui comptait sur sa coopération dans sa marche sur Vienne, exprimait vivement son mécontentement. Desaix parvint enfin à passer le Rhin au-dessous de Strasbourg, et il s'était mis à la poursuite des Autrichiens dans les Montagnes Noires lorsqu'il fut arrêté par le traité de Leoben (28 avril 1797).

Pendant ce temps, Donzelot demeurait en Alsace tant pour se guérir de ses blessures que pour continuer ses fonctions de chef d'état-major. Le 2 juin 1797, il était à Turkheim, près de Colmar, et de là il écrivait à sa sœur, Mlle Claire Donzelot. Cette lettre est la plus ancienne de celles qui nous ont été communiquées. Il en résulte qu'à cette époque Donzelot avait perdu son père et sa mère et qu'il avait près de lui son frère remplissant les fonctions d'adjoint comme les années précédentes.

Après le coup d'État du 18 fructidor (4 septembre 1797), Moreau fut mis en retrait d'emploi et les deux armées de Sambre-et-Meuse et du Rhin furent réunies sous le nom d'*armée d'Allemagne* et données à Hoche, qui mourut bientôt après. Ce commandement fut alors confié à Augereau, qui avait fait les campagnes d'Italie avec Bonaparte. Donzelot avait été nommé à l'armée d'Allemagne le 20 octobre

(1) Nom donné également à Kléber et à Belliard pendant la campagne d'Égypte. *Journal du temps.*

1797, mais il ne devait pas y demeurer longtemps. Le 23 décembre suivant, il était versé dans l'armée dite d'Angleterre et suivait Desaix en Italie. Thiébault l'y retrouva, mais sa rancune n'était point éteinte. « Le général Desaix, dit-il, était accompagné de Donzelot, son chef d'état-major, toujours adjudant général. » Desaix accueillit Thiébault avec bonté, et il désirait le garder auprès de lui. « Savary fut même chargé, ajoute Thiébault, de me pressentir à cet égard et je lui répondis : « Avec bonheur, pourvu que ce ne soit pas sous la dépendance de Donzelot, » mot qui se justifie si l'on se rappelle la manière dont Donzelot s'était conduit avec moi à l'armée du Nord (1). » Mais les événements devaient venir à l'encontre de ce projet.

A côté de ces paroles haineuses, on sera heureux de lire ce beau témoignage d'un homme bienveillant et juste : « Parmi les officiers qui entourent le général Desaix, écrit le général Morand dans son journal, nous distinguons tous l'adjudant général Donzelot, dont l'activité, l'intelligence, les talents, les mœurs douces, le caractère sage et réfléchi, l'instruction, les manières affables, inspirent l'estime et l'amitié; il est mon compatriote, ce qui m'a facilité de me lier avec lui, et je regarde comme un événement heureux de ma vie d'avoir formé cette liaison que j'espère rendre plus intime (2). »

EXPÉDITION D'ÉGYPTE

Nous ne dirons de cette campagne que ce qui est nécessaire pour suivre Donzelot et reconnaître la part qu'il prit aux événements qui se déroulèrent dans ce pays du 1er juillet 1798 au 27 juin 1801. On sait quels soins Bonaparte mit à la préparation de cette expédition. Desaix devait le suivre; Kléber en accepta la proposition avec joie; puis avec ces deux généraux de premier ordre, nous voyons Lannes, Murat, Belliard, etc., des savants, des ingénieurs : Monge, Bertholet, Larrey, etc. « Tout ce que la France avait de plus illustre dans la guerre, les sciences et les arts allait, sous la foi d'un jeune général, s'embarquer pour une destination inconnue (3). » Donzelot devait

(1) *Mémoires* du général baron Thiébault, t. II. Occupation de Rome.

(2) *Journal* du général Morand. Civita-Vecchia, le 6 prairial an VI (26 mai 1798).

(3) Thiers ; *Histoire du Consulat et de l'Empire*, t. I.

conserver auprès de Desaix ses fonctions de chef d'état-major et il emmenait avec lui son jeune frère.

La flotte sortit de Toulon le 30 floréal an VI (19 mai 1798). Elle devait rejoindre en route le convoi de Civitâ-Vecchia, commandé par Desaix, et qui comprenait tout ce qu'il y avait de meilleur dans l'armée d'Italie. La jonction des deux flottes ne se fit qu'à Malte le 22 prairial (9 juin). L'arrivée à Alexandrie fut heureuse et l'armée se mit immédiatement en marche sur le Caire. Desaix était à l'avant-garde et fit le coup de feu contre deux ou trois cents mameluks, les premiers qu'on rencontra.

La première affaire sérieuse fut celle de Chébreïs contre Mourad-Bey; la bataille des Pyramides suivit de près (9 thermidor, 21 juillet). Donzelot assistait avec Desaix à ces combats : aux Pyramides, ce fut la division Desaix qui soutint le premier choc. Après la conquête du Caire, Bonaparte fit partir des généraux avec des détachements pour redescendre le Nil et achever l'occupation du Delta qu'on n'avait fait que traverser; il en envoya vers le Nil supérieur pour prendre possession de l'Égypte moyenne; Desaix fut placé avec sa division à l'entrée de la haute Égypte, dont il devait faire la conquête sur Mourad-Bey.

« C'est en vendémiaire (oct. 1798) que Desaix commença son expédition. L'ennemi s'était retiré devant lui et ne l'avait attendu qu'à Sédiman; là, Desaix avait livré, le 16 vendémiaire (7 oct.), une bataille acharnée contre les restes désespérés de l'armée de Mourad-Bey. Aucun des combats des Français en Égypte ne fut aussi sanglant. Deux mille Français eurent à lutter contre quatre mille mameluks et huit mille fellahs retranchés dans le village de Sédiman. La bataille se passa comme celle des Pyramides et comme toutes celles qui furent livrées en Égypte. Jamais plus de morts n'avaient jonché le champ de bataille... Desaix continua sa marche pendant tout l'hiver et, après une suite de combats, il devint maître de la haute Égypte jusqu'aux cataractes (1). » Donzelot prit une part active à toutes ces affaires et, parmi les batailles inscrites sur son tombeau comme un titre de gloire, nous voyons les noms de Kosseïr, Sédiman, Héliopolis.

En amont des cataractes, s'élève l'île de Philae, où la mythologie

(1) Thiers : *Histoire du Consulat et de l'Empire*, t. I, *passim*.

égyptienne avait placé le tombeau d'Osiris et où semble finir, avec l'Égypte, le sillon de fertilité que le fleuve ouvre de là jusqu'à la mer. Là s'élèvent, magnifiques, couverts d'hiéroglyphes et de tableaux de guerre, les restes du temple d'Isis. Sous le péristyle, sur une porte, une inscription, celle qu'y gravèrent les soldats de Bonaparte en l'an VIII frappe tous les regards. Un article du *Journal des Débats*, du 5 septembre 1845, racontant le voyage du duc de Montpensier en Égypte, nous dit que parmi tant d'inscriptions muettes pour les yeux, c'est celle-ci qui toucha plus vivement le prince :

L'AN VI DE LA RÉPUBLIQUE, LE XII MESSIDOR,
UNE ARMÉE FRANÇAISE,
COMMANDÉE PAR BONAPARTE,
EST DESCENDUE A ALEXANDRIE.
L'ARMÉE AYANT MIS, VINGT JOURS APRÈS,
LES MAMELUKS EN FUITE AUX PYRAMIDES,
DESAIX, COMMANDANT LA PREMIÈRE DIVISION,
LES A POURSUIVIS AU DELA DES CATARACTES,
OU IL EST ARRIVÉ LE XIII VENTOSE DE L'AN VII.

LES GÉNÉRAUX DE BRIGADE
DAVOUT, FRIANT ET BELLIARD,
DONZELOT, CHEF DE L'ÉTAT-MAJOR,
LATOURNERIE, COMMANDANT L'ARTILLERIE,
EPPLER, CHEF DE LA 21e LÉGÈRE.
LE XIII VENTOSE AN VII DE LA RÉPUBLIQUE,
3 MARS AN DE J.-C. 1799.

En 1894, un ingénieur anglais, chargé d'un projet de réservoir-barrage, aux environs d'Assouan, proposa de transporter le temple de Philae dans l'île de Béghé qui se trouve en face. La presse entière s'émut ; le *Figaro*, entre autres journaux, protesta contre ce projet de vandalisme. Le gouvernement égyptien promit d'épargner l'île, mais on n'en fit rien, et, en 1896, de nombreux ouvriers italiens furent envoyés à Philae pour commencer les travaux. Le sacrilège artistique a-t-il été consommé ? demandait le journal *le Matin* dans son numéro du 4 juillet 1901. Tout porterait à le croire et, s'il en était ainsi, il faudrait s'associer à ce vœu du journaliste :

« Si la démolition du temple d'Isis est un fait accompli, ne pourrait-on réclamer au gouvernement égyptien, pour les conserver ici, dans l'un de nos musées, avant leur mutilation probable, les stèles de Desaix et de ses compagnons d'armes (1) ? »

Après la soumission de la haute Égypte, Desaix laissa plusieurs colonnes mobiles à la poursuite de Mourad-Bey et il chargea Donzelot de s'emparer de Cosseïr et de défendre ce port contre une attaque des Anglais. Cette double opération fut menée à bien par Donzelot, et le grade de général de brigade vint l'en récompenser. Il fut nommé par le général en chef Bonaparte, le 23 juin 1799 ; il était âgé de trente-cinq ans.

Voici la description que nous donne de Cosseïr un voyageur anglais, James Bruce, qui se trouvait dans ces parages vers 1770 : « Cosseïr est un petit village entouré de murailles de boue sur le bord de la mer Rouge et au milieu de ces amoncellements de sable que le vent rassemble et disperse alternativement. Il est défendu par un château carré construit en pierres de taille, avec des tours carrées dans les angles, où il y a trois petits canons de fer et un de bronze, tous en mauvais état. Ces canons ne servent absolument qu'à épouvanter les Arabes et à les empêcher de piller le village quand on y a déposé le blé qu'on veut transporter à la Mecque dans les temps de famine. Les murs ne sont pas très élevés, et ils n'auraient point, en effet, besoin de l'être si les canons étaient bien en ordre ; mais comme il en est tout autrement, on a exhaussé les remparts avec de l'argile ou de la boue pour empêcher que les soldats qui défendent Cosseïr ne soient sous la portée des armes à feu des Arabes, lesquels pourraient, sans cela, les commander du haut des montagnes de sable des environs (2). » C'est la situation de ce port qui en faisait toute l'importance ; Donzelot l'occupa du mois de mai 1799 jusqu'au mois de mars 1800.

Nous ne pouvons résister au désir de reproduire ici une lettre du général Desaix à Donzelot, relative au siège et à l'occupation de Cosseïr.

(1) Journal *le Matin*, numéro du 4 juillet 1901.

(2) James Bruce : *Voyage en Nubie et en Abyssinie* (1768 à 1772). Voir *Voyages autour du monde*, publiés par William Smith.

« Siout, le 15 prairial an VII (3 juin 1799).

« Le général Desaix à l'adjudant général Donzelot.

« J'ai bondi de joie, mon cher Donzelot, en voyant une lettre de vous datée de Cosseïr. Enfin, le voilà occupé ce port fameux qui m'a donné de si grandes inquiétudes. Convenez que la fortune nous aime puisqu'elle nous a permis de le prendre avant que les Anglais l'aient occupé. D'après ce que vous me dites du fort, il me semble que si les Anglais avaient pu réussir à débarquer leur artillerie, c'est-à-dire l'y placer, ils vous auraient bien embarrassé. Je suis inquiet de vous pour les munitions et l'artillerie. Je vous ai envoyé tout ce que j'avais; je n'ai rien de plus. Vous ferez bien de faire venir de Girgé toute l'artillerie qui s'y trouve.... Dites-moi, est-ce que des boulets de marbre ne feraient pas quelque chose? J'en ai vu ici; ils sont légers, mais vont bien, portent loin et sont en état de bien faire du mal.... Je vous assure que je pense continuellement à vous et à vos besoins. Écrivez au chérif de la Mecque, aux principaux marchands et n'épargnez rien pour vous faire aimer plus que les Anglais. Je voudrais bien lire déjà vos détails sur la mer Rouge ; ils m'intéresseront vivement. Vous savez le genre de détails que j'aime : la quantité de bâtiments qui arrivent journellement, leur chargement, l'état du port et les douanes.... Une grande liberté de commerce serait un grand bienfait. Je voudrais avoir quelques jolies et bonnes étoffes des Indes; tâchez de me les procurer. Vous connaissez nos dames françaises; elles ne me permettront pas d'avoir eu des relations avec les Indes sans leur faire présent de quelques-unes de leurs productions....

« Salut et amitié.

« Desaix [1]. »

On sait comment Bonaparte, inquiet des événements qui se passaient en France, quitta l'Égypte (22 août 1799) en laissant le commandement de l'armée à Kléber. Celui-ci pressa la division de la haute Égypte de le rejoindre, et, le 20 mars 1800, avait lieu la bataille d'Héliopolis : dix mille Français combattirent contre soixante-dix à quatre-vingt mille hommes de l'armée turque, et la déroute de celle-ci fut complète. Après cette bataille, Kléber mit le siège devant le Caire

(1) Lettre citée par G. Panthier dans son ouvrage sur les *Îles Ioniennes*.

et s'empara successivement du faubourg de Boulacq et de la ville. Donzelot assistait à la bataille d'Héliopolis, et c'est à l'attaque de Boulacq que son frère fut tué. Il avait fait avec distinction la campagne de la haute Égypte et était devenu chef de bataillon.

Tout serait rentré dans l'ordre, et l'établissement de l'armée française en Égypte aurait été durable si Kléber n'eût été frappé par le poignard d'un fanatique. Le même jour, Desaix, embarqué trois mois auparavant à Alexandrie, tombait à Marengo (14 juin 1800). Menou prit le commandement de l'armée, qui comptait encore de vingt-cinq à vingt-six mille hommes; mais Menou était un incapable. Dès lors, tout va mal : Menou, qui s'était retiré près d'Alexandrie, perd la bataille de Canope ; Ramanieh tombe au pouvoir des Anglais et Belliard est coupé de ses communications avec le reste de l'armée. La seule ressource était de se rendre : il fut convenu que l'armée se retirerait avec les honneurs de la guerre, qu'elle serait transportée en France avec armes et bagages et nourrie pendant la traversée aux frais de l'Angleterre. Cette capitulation fut signée le 27 juin 1801.

Le général Donzelot était rentré en France au commencement de l'année 1802; le 25 janvier, le premier consul passait à Lyon, sur la place Bellecour, la revue de l'armée d'Égypte par un soleil étincelant et un froid rigoureux (1). Au mois de février, Donzelot était nommé à un emploi au ministère de la guerre. Carnot venait d'en sortir, et Berthier l'y avait remplacé.

CAMPS DE BAYONNE ET DE BREST — ARMÉE DE NAPLES

On était en paix; un traité définitif avait été signé à Amiens, le 25 mars 1802. A ce moment, Donzelot, ayant un peu de répit, est plus assidûment en correspondance avec sa famille; il écrit à sa sœur ; il charge son compatriote Joseph Mercier, au fils duquel il devait plus tard unir en mariage une de ses nièces, de s'occuper de l'acquisition de plusieurs propriétés à Mamirolle. Il s'agissait en particulier du domaine de la Chevillotte appartenant à M. Arbilleur. Ce projet n'eut pas de suite ; mais le général montre combien il était attaché à son pays natal : « C'est toujours là, dit-il, que se portent mes pensées. C'est

(1) Thiers : *Histoire du Consulat et de l'Empire*, t. III, *passim*.

dans cette terre que repose tout ce que j'ai de plus cher au monde (1). »

Mais la paix ne pouvait être de longue durée : l'Angleterre refusait d'évacuer Malte, et, le 22 mai 1803, la guerre lui était déclarée. Trois actes devaient, suivant Bonaparte, signaler le début des hostilités : l'occupation du Hanovre, du Portugal et du golfe de Tarente (2). Dans ce but, il commença à distribuer son armée en six camps, le premier aux environs d'Utrecht, le second à Gand, le troisième à Saint-Omer, le quatrième à Compiègne, le cinquième à Brest, et le sixième à Bayonne. Le corps d'armée formé à Bayonne devait entrer en Portugal et menacer l'Espagne en cas de trahison. Bonaparte ne voulait pas engager ce pays dans la guerre, mais il lui demanda un subside de six millions par mois, auquel l'Espagne consentit. Augereau reçut le titre de général en chef de toutes les troupes réunies au pied des Pyrénées, Donzelot fut son chef d'état-major. Ici encore nous devons rapporter le témoignage que lui rend dans ses *Mémoires* un général baron de l'empire. Marbot fut nommé aide de camp d'Augereau et il fut, dit-il, bien reçu par l'état-major.

« Cet état-major, ajoute-t-il, bien qu'il n'ait pas donné à l'armée autant d'officiers généraux que celui de Bernadotte, était cependant fort bien composé. Le général Donzelot, chef d'état-major, était un homme d'une haute capacité qui devint plus tard gouverneur des îles Ioniennes, puis de la Martinique. »

« La cour de Lisbonne ayant obtempéré à tout ce que voulait le gouvernement français, nous dûmes renoncer à passer les Pyrénées, et le général Augereau reçut l'ordre de se rendre à Brest pour y prendre le commandement du 7e corps de l'armée des côtes, qui devait opérer une descente en Irlande (3). »

Donzelot devait faire, comme chef d'état-major général du corps d'Augereau, un long séjour à Brest; il y était dès le mois de décembre 1803 et il ne quitta cette ville qu'au moment de la formation de la grande armée (sept. 1805). Le climat du pays n'était pas favorable à sa santé; il s'en plaint vivement dans plusieurs lettres : « A moi aussi, écrit-il à sa sœur, il serait agréable d'aller passer avec

(1) Lettre du général Donzelot au citoyen Joseph Mercier, du 17 frimaire an XI.

(2) Thiers : *Histoire du Consulat et de l'Empire*, t. IV, p. 317.

(3) *Mémoires* du général baron de Marbot, t. I, chap. XIX.

notre respectable oncle et vous quelque temps à la campagne. J'y trouverais un plaisir infini et un exercice utile à ma santé. Quoique je ne sois pas malade, je sens que l'air de la campagne me ferait grand bien. J'habite un pays qui, par bien des raisons, ne me donne pas de gaieté (1). » « J'ai eu une attaque de rhumatisme qui m'a fait souffrir beaucoup et dont je ne suis pas encore rétabli. Il ne faut pas en être étonné, car le climat de ce pays n'est pas favorable en cette saison (2). » Le général ne néglige aucune de ses affaires et il entre, en ce qui concerne ses terres et leur exploitation, dans les détails les plus minutieux. C'est alors qu'il fit l'acquisition de l'ancien château de Mamirolle qui, des mains du seigneur du lieu, M. de Monnier, avait passé, pendant la Révolution, entre celles de M. et de Mme Combette. Bien que de construction moderne, ce château n'était pas des mieux aménagés et se trouvait dans un état de grand délabrement : Donzelot ne parut pas y tenir beaucoup, et c'est dans une autre demeure qu'il devait fixer sa retraite (3).

Membre de la Légion d'honneur depuis le 10 décembre 1803, c'est pendant son séjour à Brest, le 14 juin 1804, qu'il fut élevé au titre de *commandant* ou officier de cet ordre. C'est là qu'il assista à la proclamation de l'empire et c'est à peu près dans le même temps qu'il fut le témoin du sort infortuné de deux grands généraux, Pichegru et Moreau, dont il avait eu l'estime et l'amitié et sous lesquels il avait servi avec honneur. Bien que lié intimement avec eux, il ne fut jamais soupçonné de s'être mêlé à leurs intrigues et, homme de devoir avant tout, il demeura toujours à l'écart de toute faction.

Les projets de descente en Angleterre, formés par Napoléon, n'ayant pu réussir, le camp de Boulogne fut levé et les sept corps d'armée qui bivouaquaient sur les côtes de la mer du Nord, de la Manche et de l'Océan se portèrent sur le Rhin. Ces sept corps formèrent la *grande armée*, qui devait combattre contre l'Autriche et la Russie coalisées. Augereau commandait le septième corps et avait Donzelot pour chef d'état-major général. La campagne fut aussi rapide que brillante. Augereau suivit la route du Danube, connue de Donzelot qui l'avait parcourue en 1796 avec Moreau, et arriva devant

(1) Lettre de Donzelot à sa sœur, du 30 thermidor an XII (18 août 1804).
(2) Lettre de Donzelot à sa sœur, du 27 frimaire an XIII (19 décembre 1804).
(3) Lettre de Donzelot à sa sœur, du 20 prairial an XIII (10 juin 1805).

Ulm où Mack, enveloppé par toute l'armée française, fut obligé de capituler avec les trente mille soldats qui lui restaient (20 oct. 1805). Augereau poursuivit sa route sur Vienne, chargé par l'empereur d'en écarter les archiducs Jean et Charles, pendant que lui-même allait battre à Austerlitz, en Moravie, l'armée russe renforcée des débris de l'armée autrichienne (2 déc. 1805). Lorsque, le 26 décembre 1805, la paix fut signée à Presbourg, le corps d'Augereau avait déjà commencé son mouvement d'évacuation, puisque, le 5 nivôse an XIV (27 déc. 1805), nous trouvons Donzelot à Heidelberg, d'où il écrit à sa sœur qu'il espère pouvoir aller bientôt à Mamirolle.

Il y passa sans doute avant de rejoindre le poste auquel il fut appelé le 25 février suivant à l'armée de Naples. Au cours de la dernière guerre, malgré l'alliance contractée avec la France, la cour de Naples avait ouvert sa porte aux Anglais et aux Russes. L'empereur inscrivit dans le trente-septième bulletin de la grande armée cette condamnation laconique : « La dynastie de Naples a cessé de régner. » Quarante-cinq mille soldats, sous les ordres de Masséna, exécutèrent l'arrêt. La conquête fut facile, et, le 30 mars 1806, Joseph Bonaparte était proclamé roi des Deux-Siciles. Gaëte était la seule ville du royaume qui ne se fût pas rendue. Donzelot assista au siège de cette place (1) ; Napoléon voulait qu'on se hâtât de l'emporter, afin de rendre libres les troupes qui l'entouraient. Masséna allait donner l'assaut, lorsque les assiégés demandèrent à capituler : la place fut livrée le 18 juillet 1806.

Après le siège de Gaëte, Donzelot fut nommé commandant de la province de Pouille. C'est là qu'il fut promu général de division par l'empereur qui, reconnaissant ses talents d'administrateur, le destinait à un emploi plus important. Nommé général de division le 6 décembre 1807, il était envoyé dès le mois de janvier 1808 à Corfou comme commandant de la division des Sept Iles. Il devait y demeurer pendant plus de six ans comme gouverneur.

LES ILES IONIENNES

« Ce fut là, dit Chateaubriand, que je jouis du premier coucher

(1) Le siège de Gaëte est inscrit sur le tombeau de Donzelot à Ville-Évrard comme un titre d'honneur.

du soleil et de la première nuit dans le ciel de la Grèce. Nous avions à gauche l'île de Fano et celle de Corcyre (Corfou) qui s'allongeait à l'orient ; on découvrait par-dessus ces îles les hautes terres du continent de l'Épire ; les monts Acrocérauniens, que nous avions passés, formaient au nord, derrière nous, un cercle qui se terminait à l'entrée de l'Adriatique ; à notre droite, c'est-à-dire à l'occident, le soleil se couchait par delà les côtes d'Otrante ; devant nous était la pleine mer qui s'étendait jusqu'aux rivages de l'Afrique (1). » Ces îles furent occupées une première fois par les Français après la capitulation de Venise (26 mai 1797). Elles furent alors divisées en trois départements : le département de Corcyre, comprenant l'île de Corfou, les îles de Paxo et d'Anti-Paxo, l'île de Fano, les établissements de Butrinto et de Parga ; le département d'Ithaque, comprenant l'île de Sainte-Maure, l'île de Céphalonie, la Petite-Céphalonie, Prevesa, Vonitza ; le département de la Mer-Égée, comprenant l'île de Zante, les deux Strophades, l'île de Cérigo, les Dragonères.

Au moment de la première prise de possession par le général Gentili, un peuple immense était sur le rivage pour accueillir nos troupes. « A la tête de ce peuple était le *papa*, ou chef de la religion du pays, homme instruit et d'un âge déjà avancé. Il s'approcha du général et lui dit : Français, vous allez trouver dans cette île un peuple ignorant dans les sciences et les arts qui illustrent les nations ; mais ne le méprisez pas pour cela, il peut devenir encore ce qu'il a été ; apprenez en lisant ce livre à l'estimer. Le général ouvrit avec curiosité le livre qui lui était offert, et il ne fut pas peu surpris en voyant que c'était l'*Odyssée* d'Homère (2). » Ulysse, dit-on, fut jeté à Corfou après son naufrage. Thucydide a éloquemment raconté les troubles qui agitèrent ce pays. « Aristote y vint expier dans l'exil les erreurs d'une passion que la philosophie ne surmonte pas toujours. Alexandre, encore jeune, éloigné de la cour de Philippe, descendit dans cette île célèbre : les Corcyréens virent les premiers pas de ce voyageur armé qui devait visiter tous les peuples de la terre (3). »

A un autre point de vue, l'importance de cette île et des îles voisines ne devait pas échapper à Napoléon : « Les îles de Corfou, de

(1) *Itinéraire de Paris à Jérusalem*, édition Didot, t. I, p. 125.
(2) *Correspondance de Napoléon Ier*, t. III, p. 285.
(3) Chateaubriand, *Itinéraire de Paris à Jérusalem*, t. I, p. 126.

Zante et de Céphalonie sont plus intéressantes pour nous, disait-il, que toute l'Italie ensemble.... L'empire des Turcs s'écroule tous les jours ; la possession de ces îles nous mettra à même de le soutenir autant que cela sera possible, ou d'en prendre notre part (1). » Ces îles retombèrent au pouvoir de la Porte Ottomane et de la Russie après la bataille d'Aboukir. Le traité de Tilsitt les plaça de nouveau sous le protectorat français. D'après les dispositions prises alors par l'empereur, cinq mille hommes devaient résider à Corfou, quinze cents à Sainte-Maure, cinq cents à Parga ; de simples détachements devaient occuper Zante et Céphalonie. « A ces moyens Napoléon ajouta ceux que le concours de la marine pouvait offrir. Il envoya de Toulon le capitaine Chaunay-Duclos avec les frégates *la Pomone* et *la Pauline* et la corvette *la Victorieuse*, pour former à Corfou un commencement de marine. Il prescrivit en outre de mettre en construction dans le port de Corfou deux gros bricks, de les équiper à l'aide des matelots du pays et de quelques détachements de troupes françaises. Cette petite marine naissante, composée de frégates et de bricks, devait croiser sans cesse entre l'Italie et l'Epire, entre Corfou et les autres îles, de manière que le passage fût toujours ouvert à nos bâtiments de commerce, et fermé à ceux de l'ennemi (2). » En adressant au roi Joseph, au prince Eugène, au général Marmont ces instructions multipliées, Napoléon leur écrivait : « Ces mesures tiennent à un ensemble de projets que vous ne pouvez pas connaître. Sachez seulement que, dans l'état du monde, la perte de Corfou serait le plus grand malheur qui pût arriver à l'empire (3). »

Le général Berthier ayant pris possession des îles, le 19 avril 1807, régla quelques points particuliers, et un décret impérial, daté de Fontainebleau le 10 novembre de la même année, organisa définitivement le gouvernement des *Sept îles*. Donzelot, appelé d'abord comme commandant de la division de Corfou, fut nommé gouverneur des îles Ioniennes le 1er juin 1808.

Diverses constitutions, semblables au fond, avaient successivement régi les *Sept îles*. Celle qui était en vigueur au moment de la seconde occupation française mérite d'être remarquée, à raison de son

(1) *Correspondance de Napoléon Ier*, Lettre au Directoire, t. III, p. 314.
(2) Thiers, *Histoire du Consulat et de l'Empire*, t. VIII, p. 34.
(3) *Ibid.*, p. 35.

caractère à la fois républicain et aristocratique. Les assemblées des nobles constitutionnels élisaient tous les deux ans un corps législatif composé de quarante membres et un sénat de dix-sept membres, auquel était délégué le pouvoir exécutif. Un tribunal, composé de trois censeurs, veillait à l'exécution des lois. Le chef du pouvoir exécutif, élu lui-même pour deux ans, portait le titre de prince. Pour faire partie de la noblesse constitutionnelle, il fallait 1° être originaire des Sept îles ; 2° être né de légitime mariage ; 3° posséder un certain revenu en biens-fonds (1,800 ducats pour Corfou) ; 4° ne point exercer d'art mécanique ; 5° ne point tenir personnellement boutique ; 6° avoir une bonne conduite et savoir lire et écrire ; 8° n'être point failli ; 9° n'être point débiteur du trésor public. L'article 7 établissait comme équivalente au cens l'agrégation à l'une des premières académies de l'Europe.

Le décret impérial du 10 novembre 1807 ne changeait rien extérieurement à cette forme constitutionnelle. L'article 3 du décret disait en effet : « Il ne sera rien changé à l'administration intérieure (des îles Ioniennes) et à leur constitution actuelle. » Mais, en réalité, toute l'autorité se trouvait entre les mains du gouverneur assisté d'un commissaire impérial, d'un commandant de la marine et d'un trésorier-payeur. Les îles Ioniennes furent donc, pendant l'empire, placées sous un régime exceptionnel, et, sous ce régime, Donzelot agit toujours avec une sagesse et une modération remarquables.

En 1811, le président du sénat ionien, étant venu à Paris, présenta au duc de Feltre, ministre de la guerre, un rapport qui est tout à l'éloge du gouverneur. Après avoir énuméré en détail toutes les améliorations apportées par l'administration française dans la culture, l'industrie et le régime intérieur des Sept îles, le président Théotoki ajouta : « L'homme qui depuis trois ans, sous les ordres de Votre Excellence (le général Donzelot), n'a eu pour objet de ses veilles et de ses travaux que de mettre la place de Corfou en état de se défendre par elle-même, et dont les soins actifs, en conservant dans son sein l'ordre, la subordination, l'aisance et la paix, a favorisé l'essor des talents et provoqué l'introduction de plusieurs fabriques et de nouvelles méthodes de culture, dont nous venons de rendre compte, ne contribue pas moins par sa sollicitude à faire le bien, et par le liant de son caractère à amener le peuple qu'il gouverne, et dont il est chéri, à un état de prospérité qu'il ne connaissait pas auparavant. »

Les travaux de défense, l'établissement de plusieurs industries, la protection de l'agriculture et la fondation d'une Académie furent les principales œuvres du gouvernement de Donzelot. Le 3 octobre 1808, l'empereur, reconnaissant les résultats satisfaisants que pouvait procurer l'organisation de l'Académie ionienne, en autorisa la fondation. G. Pauthier nous dit qu'un des premiers membres de cette Académie fut le baron Charles Dupin, qui était alors à Corfou comme ingénieur de la marine (1). La prospérité s'accrut avec ces réformes ; la population augmenta ; de superbes édifices s'élevèrent sur l'esplanade la *Spianata*, créée par Donzelot (2). En 1813, il pensa à envoyer en France un certain nombre de jeunes gens des Sept-îles pour y faire leur éducation industrielle dans les écoles d'arts et métiers. Ce projet fut autorisé par le duc de Feltre le 25 août 1813, et en 1814 il avait déjà reçu un commencement d'exécution.

Les événements qui se passèrent alors rendirent très dure et très difficile la position du général à Corfou. Dès l'année 1809, Zante et Céphalonie, qui n'avaient qu'une garnison de deux cents hommes, durent se rendre aux Anglais. Ithaque, qui n'avait qu'une batterie d'artillerie pour se défendre, et Cérigo, occupée par cent quatre hommes seulement, subirent le même sort. Bloqué par les forces anglaises, privé de toutes relations avec les autorités françaises, ignorant même la vérité sur ce qui s'accomplissait en France, Donzelot se conduisit dans ces moments critiques avec une sagesse et une fermeté admirables.

Après le départ de Napoléon pour l'île d'Elbe, dit Thiers, « de nombreux détachements de troupes qui n'avaient point encore reçu les nouvelles de Paris ou qui refusaient d'y croire, se trouvaient répandus en Flandre, en Hollande, en Westphalie, en Italie, en Dauphiné, en Languedoc, en Espagne. Le premier soin du gouvernement provisoire avait été de leur dépêcher des agents pour les informer de l'entrée des coalisés à Paris, de l'abdication de Napoléon et du rétablissement des Bourbons sur le trône de France. On attendait leur réponse avec anxiété... Ce ne fut pas en effet sans peine qu'on

(1) G. Pauthier, *Les îles Ioniennes*, p. 29.
(2) *Sur terre et sur mer. Revue des voyages*, 61e livraison, p. 488.

fit entendre la voix de la raison aux vieux soldats qui gardaient ces postes lointains et à la tête desquels Napoléon avait placé des chefs énergiques, dévoués à sa cause et à celle de la France. Leurs derniers actes en 1814 méritent l'attention de l'histoire (1). »

G. Pauthier a eu entre les mains tous les documents concernant le blocus de Corfou, et il les a publiés dans son ouvrage sur les *Iles Ioniennes*. Nous ne pouvons les reproduire dans une simple notice. Matthieu de Lesseps, père de Ferdinand de Lesseps, commissaire impérial aux îles Ioniennes pendant l'occupation française, les a résumés dans une lettre du 17 mai 1814 à M. le comte de Laforet, ministre des affaires étrangères, et c'est ce résumé qui nous fournira les renseignements les plus intéressants et les plus essentiels sur cet événement qui est tout à l'honneur de Donzelot.

L'interception des communications avait laissé le gouverneur dans l'ignorance des événements qui se passaient en France : Paxo et Parga avaient été occupées par les Anglais et l'île de Corfou était réduite à ses seules ressources qui s'épuisaient. Le 1er mai 1814, un parlementaire anglais apportait au gouverneur général une lettre du contre-amiral sir John Gore lui annonçant les événements de France et le priant de lui remettre l'île pour faciliter la conclusion de la paix. Le gouverneur le remercia et lui répondit qu'il ne pouvait remettre un pays dont la défense lui avait été confiée par son gouvernement, qui *seul avait ce droit*. Il lui demandait de laisser passer un bateau de Corfou en France pour rapporter des instructions. Le lendemain, un nouveau parlementaire apporte le refus d'un passeport et propose des conditions pour la reddition de Corfou ; la réponse de Donzelot confirme sa première déclaration. Le 3 mai, le contre-amiral anglais écrit de nouveau au gouverneur pour lui dire qu'il doit exister des divisions parmi les hommes des diverses nations résidant à Corfou et qu'il regretterait qu'elles éclatassent, lui laissant d'ailleurs suffisamment entendre qu'il pourrait lui-même en profiter. Par une nouvelle lettre du 12 mai, le contre-amiral transmet à Donzelot les nouvelles qu'il a reçues, lui annonçant qu'il est prêt à suspendre ou à continuer les hostilités, et lui faisant considérer que Corfou est le seul point qui reste en hostilité contre l'Europe. Donzelot lui ré-

(1) Thiers, *Histoire du Consulat et de l'Empire*, t. XVIII, p. 4 et 5.

pond en lui disant qu'il ne s'opposera pas aux volontés de son pays, mais qu'il ne peut les connaître que lorsqu'il en sera informé officiellement par les ministres de France. Le général Campbell se joint au contre-amiral pour insister auprès de Donzelot sur le changement du pavillon tricolore contre le pavillon blanc et lui offre une entrevue en Albanie. Donzelot, qui est malade en ce moment, envoie à l'amiral anglais son chef d'état-major de Bauduy, et, des pourparlers qui eurent lieu, il résulte que les Anglais insistaient sur la reddition de l'île de Corfou, par crainte de la voir échoir à la Russie, et pour invoquer en leur faveur le fait accompli. Les Anglais firent usage des menaces et des promesses : « Mon souverain, disait le général Campbell, est prêt à reconnaître le service important que M. le général Donzelot peut lui rendre, en nous mettant promptement en possession de Corfou. La reconnaissance du gouvernement britannique sera grande ainsi que sa générosité envers M. le général et envers vous (1). » Les promesses, comme les menaces, furent impuissantes auprès de Donzelot, et il répondit comme auparavant. Une sommation en forme d'avoir à rendre Corfou suivit cette entrevue ; enfin, la mauvaise humeur et le dépit des Anglais se montrèrent clairement dans un dernier ultimatum envoyé au gouverneur, et dans lequel l'amiral lui disait qu'il le regarderait comme prisonnier de guerre.

Le rapport du commissaire impérial, Matthieu de Lesseps, sur les négociations qui venaient d'avoir lieu, fut envoyé le 17 mai 1814 au ministère de la guerre, et ce ne fut que le 6 juin suivant que le général Donzelot reçut du ministre, comte Dupont, une lettre datée du 26 avril, ordonnant la remise de l'île. Le général de Boulnois fut chargé de cette opération, qui eut lieu le 23 juin 1814. Dans sa proclamation aux habitants de Corfou, ce général disait : « Habitants de Corfou, vous allez perdre le digne et honorable général Donzelot, ce guerrier, juste orgueil des armées françaises, ce gouverneur aussi sage qu'éclairé, dont l'administration douce et bienfaisante laissera longtemps parmi vous les souvenirs les plus chers et les plus honorables. »

Pendant son gouvernement des îles Ioniennes, le général Donzelot

(1) Rapport de l'adjudant général Bauduy au gouverneur, cité par Pauthier

avait reçu le titre de baron de l'empire, et par un décret en date du même jour (3 décembre 1809), une dotation annuelle de 4,000 fr. lui était faite sur le département de Rome. En réalité, cette dotation ne lui fut jamais servie, car lorsqu'il quitta Corfou, il lui restait dû 90,000 fr., qui ne lui furent jamais payés, les gouvernements qui se sont succédé ayant refusé de le faire en vertu de la prescription. Cependant le général avait fait preuve de générosité envers son pays, ayant emprunté, pour solder le paiement arriéré des troupes albanaises, la somme de 100,000 fr. sur sa garantie personnelle. Cette somme lui fut remboursée, mais en inscriptions sur le grand-livre, sur lesquelles il perdit plus tard près de 50 0/0.

Malgré le refus persistant des autorités anglaises d'accorder au gouverneur de Corfou un sauf-conduit pour envoyer un de ses officiers sur le continent, le général ne négligea aucun moyen de s'instruire des événements survenus en France, et l'un de ses aides de camp, le chef d'escadron de Latour-Maubourg, put arriver jusqu'à Naples près de Joachim Murat. Une lettre de celui-ci, datée du 29 mai, au général Donzelot, est une preuve de l'estime en laquelle il le tenait, et elle est trop honorable pour lui pour que nous n'en citions pas quelques passages en terminant ce qui concerne son gouvernement des îles Ioniennes :

« Monsieur le gouverneur général, je ne saurais trop vous exprimer ma reconnaissance pour vos bons procédés envers mes troupes. Je suis bien aise d'apprendre que vous avez été content d'elles. J'espère que vous voudrez bien leur continuer vos bontés (1)..... C'est avec le plus grand plaisir que je donne des ordres pour vous faire restituer tous les objets séquestrés, tant à Naples que dans tous les autres endroits du royaume. Je regrette vivement de ne pouvoir en faire autant pour ce qui concerne le séquestre des caisses, le peu d'argent qu'elles renfermaient ayant été depuis longtemps employé, et ne me trouvant pas en ce moment dans le cas de le remplacer.

« Je désire qu'il entre dans vos projets de passer par Naples pour

(1) Les troupes de la garnison de Corfou se composaient de soldats français, d'Italiens demeurés avec Donzelot malgré la défection de Murat, et de réfugiés albanais. L'ordre conservé jusqu'à la fin, et malgré les événements, dans une armée composée d'éléments aussi divers, est une preuve de la sagesse et de l'habileté du gouverneur.

rentrer en France; j'aurais le plus grand plaisir à y recevoir un général aussi distingué et aussi honorable et à lui réitérer l'assurance de toute mon estime. Sur ce, monsieur le gouverneur général, je prie Dieu qu'il vous ait en sa sainte garde. J. NAPOLÉON.

« Naples, 29 mai 1814. »

Le général Donzelot était rentré en France le 30 juillet 1814. Sa conduite avait été digne et correcte et, bien qu'il eût maintenu le dernier en Europe le drapeau tricolore, le nouveau régime ne lui tint pas trop rigueur. Dès le 8 juillet, il avait été nommé chevalier de Saint-Louis et, ayant donné son adhésion au sénatus-consulte qui avait prononcé la déchéance de l'empereur, il était élevé le 23 août à la dignité de grand officier de la Légion d'honneur. Huit jours après, il recevait le commandement de la 2e subdivision de la 12e division militaire. Les grands commandements avaient été donnés aux maréchaux : Soult avait reçu celui de la Bretagne, formant la 12e division, et la 2e subdivision échue à Donzelot comprenait les départements de la Loire-Inférieure et de la Vendée. L'armée avait été bien réduite et 30,000 officiers étaient restés sans emploi. Aussi les généraux étaient-ils plus occupés d'intrigues et d'affaires particulières que de travaux militaires, et on les voyait plus souvent à Paris qu'à la tête de leurs troupes. Nous avons deux lettres de Donzelot à sa sœur se rapportant à cette époque. Toutes les deux sont datées de Paris le 23 janvier et le 10 février 1815; elles ne traitent, d'ailleurs, comme toutes les autres, que d'affaires de famille. Dans l'une il dit à sa sœur de lui faire préparer un appartement à Mamirolle, où il espère sans doute aller se reposer; mais le moment du repos n'était pas arrivé pour lui et le retour de Napoléon en France allait l'appeler à de nouveaux combats.

WATERLOO

Revenu de l'île d'Elbe aux Tuileries, l'empereur ne pouvait attendre la paix de la part des chefs de la coalition ; dès le 25 mars 1815, ceux-ci avaient renouvelé le traité de Chaumont et s'étaient engagés à mettre sur pied un million d'hommes. Wellington et Blucher s'étaient portés immédiatement sur notre frontière du nord avec 240,000 Anglais et Prussiens, pendant que Schwarzenberg s'acheminait vers Bâle avec 200,000 Autrichiens. Napoléon reforma en toute hâte une armée de 300,000 hommes ; le général baron Donzelot était nommé, le 6 avril 1815, commandant de la 2e division du 1er corps d'armée. Ce corps, qui était sous les ordres du général d'Erlon, occupait Lille et une partie de la frontière.

Le maréchal Davout, ministre de la guerre, proposa le général Donzelot à l'empereur comme gouverneur de Lille (1). Il écrivit en même temps au général d'Erlon pour lui donner des instructions, et il lui disait : « Vous laisserez une division à Lille, dont vous conferez le gouvernement au lieutenant-général Donzelot, officier de tête, de beaucoup de capacité et de grand caractère. Cette division en sera retirée lorsqu'une quantité de gardes nationales suffisante aura été envoyée à Lille (2). »

L'entrée de l'armée en campagne ayant commencé dans les premiers jours de juin, le gouvernement de Donzelot à Lille ne fut que de courte durée. Sans reprendre le récit bien connu de cette dernière guerre de l'empire, nous chercherons quelle part y prit le général Donzelot. Voulant attaquer, avec plus de chances de succès, les armées réunies en Belgique, Napoléon résolut de les séparer. Il les sépara en effet, en battant Blücher à Ligny, tandis que Ney contenait les Anglais à Quatre-Bras (16 juin 1815). Grouchy fut chargé de poursuivre Blücher pendant que Napoléon arrivait en face des Anglais à Waterloo (18 juin 1815). L'empereur attendit, pour engager l'action, que le soleil eût raffermi le terrain détrempé par la pluie, et la bataille ne commença que vers midi.

Le 1er corps (général d'Erlon) formait avec le 2e corps (général Reille) la gauche de notre armée. D'Erlon devait attaquer le premier plateau du Mont Saint-Jean, sur lequel étaient la gauche et le centre des Anglais ; ses troupes étaient disposées en quatre colonnes d'attaque en rangs serrés ; le premier échelon était formé par la brigade Bourgeois, le second par la division Donzelot, le troisième par la division Marcognet et le quatrième par la division Durutte. Toutes ces troupes s'avancent sous la protection de l'artillerie, parcourent

(1) *Correspondance du maréchal Davout.* Lettre à l'empereur et roi du 27 avril 1815.

(2) *Correspondance du maréchal Davout.* Lettre au général comte d'Erlon, du 27 avril 1815.

le fond du vallon, mais en remontant, elles ne peuvent plus être protégées par le canon. En approchant du sommet, nos divisions sont accueillies par un feu terrible de mousqueterie, partant du chemin d'Ohain, dans lequel était embusqué le 95e régiment anglais. La brigade Alix s'appuie contre la division Donzelot; toutes deux marchent sur le chemin d'Ohain, le traversent et se précipitent sur le 95e et sur les bataillons de la brigade Bylandt. La troisième colonne vient se placer à leur droite en renversant les Hanovriens. La victoire semble se décider pour nous, « lorsqu'à un signal du général Picton, les Écossais de Pack, cachés dans les blés, se lèvent à l'improviste et tirent à bout portant sur nos deux premières colonnes. Surprises par ce feu au moment même où elles débouchaient sur le plateau, elles s'arrêtent. Le général Picton les fait alors charger à la baïonnette par les bataillons de Pack et de Kempt ralliés. Il tombe mort atteint d'une balle au front, mais la charge continue et nos deux colonnes vivement abordées cèdent du terrain. Elles résistent cependant, se reportent en avant et se mêlent avec l'infanterie anglaise, lorsque tout à coup un orage imprévu vient fondre sur elles. Le duc de Wellington, accouru sur les lieux, avait lancé sur notre infanterie les douze cents dragons écossais de Ponsonby, appelés les *Écossais gris*, parce qu'ils montaient des chevaux de couleur grise. Ces dragons, formés en deux colonnes et chargeant avec toute la vigueur des chevaux anglais, pénétrèrent entre la division Alix et la division Donzelot d'un côté, entre la division Donzelot et la division Marcognet de l'autre. Abordant par le flanc les masses profondes de notre infanterie qui ne peuvent se déployer pour se former en carré, ils s'y enfoncent sans les rompre ni les traverser à cause de leur épaisseur, mais y produisent une sorte de confusion. Ployant sous le choc des chevaux et poussées sur la déclivité du terrain, nos colonnes descendent pêle-mêle avec les dragons jusqu'au fond du vallon qu'elles avaient franchi (1). » Deux batteries venues au secours de l'infanterie sont culbutées; mais Napoléon, ayant vu le désordre, lance sur les dragons écossais la brigade de Travers, composée des 7e et 12e cuirassiers; ils les abordent de front et en flanc pendant que le général Jacquinot dirige sur l'autre flanc

(1) Thiers, *Histoire du Consulat et de l'Empire*, t. XX, p. 207, 208.

le 4e régiment de lanciers ; ils font des Écossais un horrible carnage.

Cette attaque sur la gauche des Anglais nous avait coûté trois mille hommes en morts, blessés et prisonniers. Les Anglais avaient éprouvé des pertes égales, mais ils avaient conservé leurs positions ; l'attaque était à recommencer. Les troupes se reformèrent sur le bord du vallon pour se porter avec Ney contre la Haye-Sainte. Le maréchal « se saisit de deux bataillons de la division Donzelot qui s'était ralliée la première, et marchant droit sur la Haye-Sainte, il s'y précipita avec impétuosité. Entraînés par lui, les soldats enfoncèrent les portes de la ferme, y pénétrèrent sous un feu épouvantable, et massacrèrent le bataillon léger de la légion allemande qui la défendait (1). » Les divisions de d'Erlon s'emparèrent ensuite du chemin d'Ohain et y tinrent bon jusqu'à huit heures du soir. Alors le corps de l'armée prussienne, commandé par Ziethen, longeant la forêt de Soignes, et arrivant à l'improviste au secours de Wellington, culbuta la division de Donzelot avec les autres et la panique se mit dans toute l'armée.

Donzelot, à la tête de ses soldats, eut donc à livrer deux attaques, à en soutenir deux autres et à garder pendant de longues heures la position du chemin d'Ohain. Sa bravoure ne se démentit pas un seul instant et, au milieu du carnage qui décima à plusieurs reprises sa division, il ne reçut que deux balles qui trouèrent son chapeau, conservé aujourd'hui comme une relique dans sa famille.

On sait quel affreux désordre, accru par les ténèbres, suivit la bataille de Waterloo ; les troupes se débandèrent et elles allaient chacune de leur côté. Napoléon, dit Thiers, « marchait pêle-mêle avec une masse de blessés au milieu de ses vieux grenadiers.... Dans ce carré qui contenait Napoléon, il régnait une telle stupeur qu'on marchait presque sans s'interroger. Napoléon seul adressait quelques paroles tantôt au major général, tantôt à son frère Jérôme, qui ne l'avaient pas quitté (2). » C'est dans cette marche lugubre que l'empereur rencontra Donzelot avec un seul soldat et lui adressa cette parole aussi triste qu'élogieuse : « Général, c'est là tout ce qui vous reste ! » L'authenticité de ce mot ne paraît pas douteuse ; G. Pau-

(1) Thiers, *Histoire du Consulat et de l'Empire*, t. XX, p. 217.
(2) *Ibid.*

thier, qui l'avait sans doute entendu répéter par Donzelot, le rappelle dans une allocution qu'il prononça le 22 octobre 1843, en remettant au conseil municipal de Neuilly-sur-Marne un drapeau et l'épée du général (1).

Après la bataille de Waterloo, les débris de l'armée se rallièrent à Laon. Donzelot, à la tête d'une nouvelle division, essaya avec d'Erlon de couvrir la capitale en avant de Belleville et de Charenton; mais l'avis de Davout fut que toute résistance de ce côté était inutile. Donzelot se replia donc avec l'armée sur la Loire et fut nommé chef d'état-major en remplacement du maréchal Soult : « Si le général Donzelot est arrivé à Bourges, écrivait Davout au général Gressot, vous lui ferez connaître que je l'ai nommé provisoirement chef d'état-major. Vous lui remettrez la lettre ci-jointe, et, s'il a accepté, vous ferez tout de suite un ordre du jour pour l'annoncer (2). » Après l'abdication et le départ de Bonaparte, le gouvernement s'occupa du sort de l'armée. Bien triste était son état : une lettre du 20 juillet, adressée par Davout au général Lamarque, nous le dépeint : « Les premiers ordres du gouvernement me sont arrivés cette nuit. Ils portent la dislocation de l'armée pour opérer une prompte réorganisation. J'ai écrit au ministre d'envoyer des commissaires extraordinaires et des instructions. Je me propose d'aller les attendre à Bourges..... L'esprit de la jeune garde est très mauvais. Le général Donzelot s'en plaint de son côté (3). »

Dans cette réorganisation Donzelot ne trouva point de place et, le 1er septembre 1815, il était mis en non-activité avec la plupart des généraux de l'empire. Cependant il avait fait son devoir de soldat sans se mêler à aucune intrigue. « Les gros généraux ont été à Paris, écrivait le colonel Marbot après Waterloo, pour faire de mauvais discours. Les petits perdent la tête et cela va mal (4). » Donzelot ne fut ni des uns ni des autres, et un gouvernement d'ordre devait reconnaître sa loyauté. Un emploi lui fut donc accordé : le 18 août 1816, il était

(1) Discours adressé au maire et au conseil municipal de Neuilly-sur-Marne. Feuille de 4 pages in-8, typographie Firmin Didot frères. — Le général Donzelot avait marié l'une de ses nièces au frère de G. Pauthier, l'orientaliste; celui-ci était dans l'intimité du général, qui lui légua 60,000 fr.

(2) *Correspondance du maréchal Davout.* Lettre du 18 juillet 1815.

(3) *Ibid.* Lettre du 20 juillet 1815.

(4) Voir le *Correspondant,* numéro du 25 octobre 1891.

nommé inspecteur général d'infanterie et il en remplit les fonctions pendant une année. Une lettre à sa sœur, datée de Paris le 2 février 1817, nous donne sur lui et sur ses sentiments à l'égard de sa famille quelques détails qui ne sont pas sans intérêt :

« Votre lettre du 27 décembre dernier, ma chère sœur, m'est parvenue à Grenoble. Je n'y ai pas répondu de suite, parce que je conservais l'espoir d'aller passer quelques jours avec vous à mon retour d'inspection. Mais, ayant reçu l'ordre de me rendre à Paris, j'ai dû renoncer à mon projet, et j'en ai été extrêmement contrarié ; vous ne devés pas en douter.

« J'ai appris, avec infiniment de peine, votre indisposition, et je fais des vœux pour que vous soyés en bonne santé. Vous ne pouvés trop la ménager et prendre soin de vous. Je ne sais pourquoi une de nos nieces ne m'a pas donné de vos nouvelles, lorsque vous ne pouviés pas m'écrire. C'est une négligence que je ne leur pardonne pas.... Il est vrai, ma chère sœur, voilà déjà du tems que nous ne nous sommes vus, et, depuis notre séparation, j'ai fait une chute qui a failli me coûter la vie. Heureusement que j'en suis bien rétabli, et que je jouis d'une bonne santé maintenant. J'ai néanmoins toujours besoin d'aller prendre les eaux. Je désire bien que cette année rien ne s'oppose à ce voyage, puisqu'ensuite je pourrais aller vous voir et passer quelque tems avec vous (1). »

Ce vœu si ardent et si légitime du général de passer quelque temps à Mamirolle avec sa famille ne devait pas se réaliser ; le 13 août de cette même année 1817, il était nommé gouverneur et administrateur de la Martinique. Voici les adieux qu'il adressait à sa sœur :

« Il est vrai, ma chère sœur, je vais encore m'éloigner de vous. Lorsque je projetais d'aller vous embrasser, je ne pensais guères que nous serions, pour quelque tems, séparés de nouveau par des mers étendues. Je pars donc sans vous avoir pressée contre mon cœur qui vous aime si tendrement. Mais toute ma joie à mon retour ne pourra s'exprimer, si vous prenés un soin particulier de vous conserver en soignant votre santé. Ménagés-la, et soyés bien assurée que nous nous réunirons encore pour passer ensemble des jours paisibles et heureux.

(1) Lettre du général Donzelot à sa sœur, 2 février 1817.

« Il ne faut pas que mon éloignement vous attriste autant que je le vois dans votre lettre. Lorsque je reviendrai, nous éprouverons plus de plaisir à nous revoir. Et pour me donner un vrai témoignage de votre amitié, reprenés votre gaieté et pensés que vous me donneriés un grand chagrin si votre santé s'altérait.... Je me faisais une fête d'aller passer quelque tems à Mamirolle pour voir nos parens et tous les habitans pour lesquels je conserve un attachement qui ne finira qu'avec ma vie. J'éprouverai aussi une joie inexprimable, lorsque je les verrai à mon retour des Antilles (1). » Cette lettre est du 9 octobre 1817; dans une autre, du 16 du même mois, le général Donzelot se dit sur le point de partir.

LA MARTINIQUE

Ce nom rappelle une épouvantable catastrophe (8 mai 1902) qui vient de faire d'un seul coup plus de quarante mille victimes humaines et qui, en bouleversant le sol de notre belle colonie, menace encore aujourd'hui de l'anéantir (2).

La Martinique fut découverte en 1493 par Christophe Colomb, le jour de la fête de saint Martin, ce qui lui valut son nom ; mais ce ne fut que le 15 juin 1502 qu'il y aborda par la plage du Carbet, sans y faire aucun établissement. L'Olive et du Plessis en prirent possession au nom de la France, ou plutôt au nom de la *Compagnie des îles d'Amérique*, créée par Richelieu. La compagnie la vendit à Duparquet en 1650. En 1664, elle passa à la *Compagnie des Indes occidentales*, qui ne put faire honneur à ses affaires. En 1665, les Anglais cherchèrent vainement à s'en emparer, et les années suivantes ils ne furent pas plus heureux. Ce ne fut qu'en 1762 que cette île, convoitée depuis si longtemps par eux, tomba entre leurs mains. Le traité de Paris nous la rendit le 10 février suivant. En 1790, l'Angleterre enleva de nouveau la Martinique à la France par des moyens peu légitimes. En effet, la Révolution y ayant fait éclater des désordres, les colons craignaient un soulèvement des esclaves, et ils appelèrent les Anglais à leur secours; mais ceux-ci, une fois entrés dans l'île, la gardèrent pour eux. Rendue à la France par le traité d'Amiens, la

(1) Lettre du général Donzelot à sa sœur, 9 octobre 1817.
(2) La nouvelle éruption du 30 août a confirmé cette crainte.

Martinique fut occupée de nouveau par l'Angleterre de 1809 à 1814 et pendant les Cent-Jours, jusqu'à ce qu'enfin elle nous fut remise définitivement le 20 novembre 1815.

Le premier gouverneur de la Martinique après la deuxième Restauration fut le comte de Vaugirard. D'après l'article 73 de la Charte, les colonies devaient être régies par des lois et règlements particuliers : il y avait là un vaste sujet à discussions. Le gouverneur, plein de bonne volonté, mais d'un zèle peu éclairé, mit beaucoup de précipitation à certaines mesures et on fut obligé de le rappeler. « C'est pour devenir le réparateur de tant de maux, dit le marquis de Sainte-Croix, que le roi a envoyé en 1818 M. le comte Donzelot comme gouverneur et administrateur civil et militaire de la Martinique, avec de nouvelles instructions qui ont amené des réformes dans l'administration, dont la plus marquante a été la suppression de l'intendant (1). » Ici le marquis de Sainte-Croix commet deux légères erreurs : c'est le 13 août 1817 que le général Donzelot fut nommé gouverneur de la Martinique, et c'est par ordonnance du 22 août 1819 qu'il reçut le titre de comte. On ne pouvait d'ailleurs faire un meilleur choix, car Donzelot avait toute l'intelligence et toute la sagesse nécessaires pour traiter des questions litigieuses et ramener le calme dans la colonie. Tous les services furent assez promptement organisés.

Le général Donzelot eut comme adjoint à son gouvernement militaire le colonel Montarby ; un commissaire inspecteur extraordinaire fut spécialement chargé de la police ; un comité consultatif dut veiller à la bonne administration des finances ; enfin, par une ordonnance du 22 novembre 1819, l'ordre judiciaire fut installé dans la colonie ; il comprenait une cour royale et deux tribunaux de première instance, et était complètement indépendant du pouvoir administratif.

L'île fut divisée en quatre arrondissements ; celui de Fort-Royal, comprenant 29,504 habitants ; celui du Marin, peuplé de 13,907 habitants ; celui de Saint-Pierre, avec 29,553 habitants, et celui de la Trinité, qui en comptait 25,315. Sur cette population totale de 98,279 habitants, on comptait 9,867 blancs, 11,073 hommes de cou-

(1) *Statistique de la Martinique*, par Félix Renouard, marquis de Sainte-Croix, Paris, Chaumerot, 1822, p. 217-218.

leur libres et 77,339 esclaves (1). Le gouverneur résidait à Fort-Royal, aujourd'hui Fort-de-France. Bâtie sur un terrain plat, avec des rues tirées au cordeau, cette ville était d'un aspect assez triste. Depuis le tremblement de terre de 1771, on avait défendu d'y construire en pierres et toutes les maisons y étaient en bois, à un seul étage. Son port était l'un des plus vastes et des plus sûrs des Antilles. Saint-Pierre était, comme avant la dernière catastrophe, le centre du commerce.

« Les plantations, jusque-là négligées, dit M. Gaston Laudes, attirèrent alors les soins et les capitaux des colons qui ne tardèrent pas à renouer des relations commerciales avec l'Europe. Malheureusement, l'esclavage maintenu devait bientôt faire naître dans la colonie des troubles graves (2). »

La *Biographie des contemporains* (édition de 1836) nous rapporte au long une affaire qui suscita des ennuis à Donzelot. Le narrateur de ce fait écrivait dans un temps trop rapproché de l'événement pour être à l'abri de tout soupçon de partialité. Toutefois, nous le citerons intégralement, pensant bien que les lecteurs feront la part de l'exagération.

« Louis XVIII, qui avait su apprécier son caractère et ses talents (il s'agit du général Donzelot), le nomma gouverneur de la Martinique. Les premiers actes de son administration, empreints du caractère de sagesse dont il avait donné des preuves fréquentes pendant sa carrière, lui concilièrent d'abord l'affection et l'estime des colons de la Martinique. Malheureusement, il ne réussit pas à faire régner la concorde entre la caste des blancs et celle des gens de couleur libres qui, divisés par le préjugé de la peau, se font constamment une guerre sourde et animée. Sans cesse entouré de propriétaires blancs qui voudraient exploiter exclusivement à leur profit tous les éléments de prospérité qu'offre la colonie et jouir seuls de la liberté, M. Donzelot se laissa trop facilement persuader que les gens de couleur libres étaient animés de l'esprit de révolte et travaillaient à faire subir à la Martinique le sort de Saint-Domingue. Les

(1) Voir *Statistique de la Martinique*.

(2) *Notice sur la Martinique*, par Gaston Laudes, publiée à l'occasion de l'exposition universelle de 1900. M. Gaston Laudes, professeur au lycée de Saint-Pierre, a été victime de la catastrophe du 8 mai 1902.

colons n'avaient que trop bien réussi à tromper la religion du gouverneur et à l'alarmer sur ces projets de propriétaires de couleur, lorsque quelques troubles éclatèrent à Saint-Thomas. Aussitôt les blancs, feignant de croire que la légère commotion qui s'était fait ressentir dans cette colonie voisine de la Martinique était le prélude d'une grande révolution dont les ramifications s'étendaient jusqu'à la Martinique, entraînèrent le comte Donzelot, à l'égard des prétendus fauteurs de révolte, à des mesures dont l'humanité et la justice ont réprouvé la rigueur.

« Malgré le désir de trouver des coupables, les recherches les plus minutieuses, les plus inquisitoriales, n'avaient pu faire découvrir aucun élément propre à dresser, avec quelque apparence de justice, un acte d'accusation contre qui que ce fût. Cependant des mandats d'arrêt furent lancés contre plusieurs hommes de couleur par le seul motif qu'ils étaient connus pour professer des principes opposés à la suprématie que le préjugé accorde, dans nos colonies, aux propriétaires à peau blanche sur ceux de couleur. Des visites domiciliaires ayant été faites chez ces victimes de l'arbitraire, au nombre desquelles on comptait plusieurs négociants, on trouva chez eux plusieurs brochures où étaient défendus les intérêts de leur caste, et notamment une de M. de Laisné de Villévêque, membre de la Chambre des députés, intitulée : *De la situation des gens de couleur libres aux Antilles*. Il n'en fallut pas davantage pour motiver une accusation contre eux ; ils furent traînés devant les tribunaux, où les uns furent condamnés à l'exil, les autres aux galères et à la marque, et les sentences furent exécutées. Arrivés en France, ces malheureux condamnés réclamèrent contre la rigueur d'un tel jugement et choisirent pour défenseur M. Isambert, dont le zèle pour ses clients mérite le plus grand éloge. Après des délais qui durèrent plus de quatre mois, le jugement fut annulé par la cour de cassation, et l'affaire portée devant le tribunal de la Guadeloupe, qui a infirmé tout récemment celui de la Martinique (1). »

Si on peut reprocher à Donzelot quelque manque de clairvoyance en cette affaire, il faut remarquer que le gouverneur ne fit que dé-

(1) *Biographie des contemporains* (édition de 1836). Articles Donzelot et Isambert. Les accusés de l'affaire de la Martinique étaient les sieurs Fabien, Aissete et Volny.

férer les prévenus aux tribunaux, et qu'à ceux-ci seulement incombe la responsabilité de la condamnation. D'ailleurs les faits ont prouvé que le gouverneur de la Martinique devait joindre à une extrême vigilance une répression sévère. Il ne trouvait plus là le peuple intelligent de Corfou et, s'il eut plus à réprimer qu'à réformer, tout ne fut pas joie pour lui dans l'accomplissement de ce devoir.

« Dans la nuit du 13 au 14 octobre 1822, dit M. Gaston Laudes, éclata un complot qui devait être le signal d'une révolte générale et qui était dirigé par quatre noirs : Narcisse, Jean-Louis, Jean et Bougie. Des colons furent assassinés, leurs demeures pillées, les récoltes incendiées. Une rigoureuse répression arrêta le soulèvement dès le début. Soixante noirs furent arrêtés et livrés aux tribunaux ; sept des accusés eurent la tête tranchée, quatorze furent pendus et dix endurèrent le supplice du fouet. Deux ans après, un mulâtre nommé Bissette fut arrêté avec ses complices et condamné avec trois d'entre eux aux travaux forcés, tandis que trente-sept autres étaient punis de la peine de bannissement (1). »

Quelque temps après, Donzelot songea à demander son rappel. Il avait soixante et un ans ; bien qu'il fût d'une forte constitution, le climat brûlant des Antilles avait nui à sa santé ; le moment du repos était arrivé pour lui. Rentré en France en 1825, il fut mis en disponibilité le 23 août 1826, passa le 7 février 1831 dans le cadre de réserve et ne fut mis à la retraite que le 11 juin 1832. Bien qu'âgé de soixante-huit ans, il devait encore en jouir pendant onze années.

LA RETRAITE

Pendant dix-huit ans, le général comte Donzelot habita le château de Ville-Évrard, commune de Neuilly-sur-Marne, département de Seine-et-Oise. Il avait acheté cette habitation après son retour des îles Ioniennes, à une date que nous ne pouvons préciser. Dès le printemps de 1815, il y recevait des parents et des amis (2). Pendant son séjour à la Martinique la garde en fut confiée à un de ses cousins, le sieur Romeron, que Donzelot avait choisi comme homme

(1) *Notice sur la Martinique*, par Gaston Laudes.
(2) Lettre à Mlle Claire Donzelot, 5 mars 1815.

d'affaires. Déjà il y avait fait construire et planter lorsqu'il revint pour y habiter définitivement (1). Le séjour de Ville-Évrard était des plus agréables. Dans une lettre datée de 1824, Mlle Claire Donzelot disait à une de ses nièces : « Tes sœurs causent un peu et instruisent Eugénie, ensuite on se promène dans le parc, qui est beau ; il y a beaucoup d'arbres et d'arbrisseaux qui donnent une tiédeur très agréable ; je désire que tu puisses la respirer avec nous (2). »

Le château de Mamirolle, acheté précédemment par Donzelot, était en trop mauvais état et trop mal aménagé pour qu'il en fît sa demeure habituelle. Mais si Ville-Évrard devint son pays d'adoption, il n'oublia pas son village natal et donna des preuves sensibles de son attachement pour ses compatriotes et pour l'église où il fut baptisé. Nous voyons par ses lettres qu'il s'occupa toujours activement de ceux qui lui étaient recommandés, et parmi les dons qu'il fit à l'église de Mamirolle, il faut compter : un tableau estimé des connaisseurs, représentant l'adoration des bergers ; un calice en argent doré, un ciboire de même matière et d'un beau travail ; une paire de burettes en argent avec leur plateau.

Le général Donzelot était un homme instruit, aussi n'est-il pas étonnant de voir dans sa retraite une société de gens de lettres et d'artistes. Le frère de G. Pauthier était devenu son neveu par alliance, et Donzelot affectionnait particulièrement l'orientaliste et le lettré qui écrivit à Ville-Évrard sa traduction de Child-Harold. On y rencontrait aussi Alfred de Vigny et Jouffroy ; mais les relations du général avec Jean Gigoux doivent être spécialement signalées.

Celui-ci arrivait à Paris, plus riche d'espérances que d'écus, au commencement de l'année 1828, et entrait à l'École des beaux-arts le 2 avril suivant. Il débuta au Salon de 1831 par quelques portraits à la mine de plomb et diverses lithographies (3). Donzelot s'intéressa au jeune artiste autant comme amateur de peinture que comme compatriote. Il lui fit la commande d'un tableau pour son église de

(1) G. Pauthier, devenu administrateur des biens du général après la mort de celui-ci, vendit, en 1852, le domaine de Ville-Évrard à Mme de Rochetaillée et à son fils ; vers 1866, ces derniers le cédèrent pour 900,000 fr. à la ville de Paris, qui le transforma en asile d'aliénés.

(2) Lettre du 7 juin 1834.

(3) *Jean Gigoux*, par Henri Jouin, 1895.

Mamirolle. Ce tableau est un des premiers de Gigoux. Il est d'assez grandes dimensions ($4^m45 \times 2^m70$) et représente les patrons de la paroisse, saint Pierre et saint Paul, annonçant l'Évangile au peuple. Saint Paul a pris la parole comme l'indique son geste, saint Pierre tient les clefs symboliques du royaume céleste. Ce n'est point un contresens d'avoir réuni les deux apôtres sur la même toile, puisque plusieurs fois dans leur vie ils se rencontrèrent. Saint Paul est tourné de face, saint Pierre un peu à gauche ; les auditeurs, assis ou debout, sont vêtus à la romaine, mais il n'y a rien de romain dans leurs figures et l'on dit, avec vraisemblance, que la domesticité du château de Ville-Évrard et d'autres personnes présentes ont servi de modèles à l'artiste. Ce tableau, quoique bon, est loin d'être un chef-d'œuvre ; la peinture en est un peu terne et les formes un peu lourdes.

Les relations de Donzelot et de Jean Gigoux continuèrent. Dans ses *Causeries sur les artistes de mon temps*, celui-ci nous rappelle ses visites au général en compagnie de Pauthier et de Jouffroy. S'il faut en croire Léon Séché, le général, sans abandonner Ville-Évrard où il est mort, aurait eu, vers 1838, une seconde habitation à Nogent-sur-Marne. « Tous les samedis, dit-il, après la séance de la Chambre, Jouffroy venait prendre Gigoux au quai Malaquais, et ils s'en allaient dîner avec Pauthier, chez le général Donzelot, à Nogent, où ils passaient également la journée du dimanche (1). » Gigoux nous décrit ainsi le voyage : « Nous allions par le bois de Vincennes, à pied, comme toujours. Je n'oublierai jamais ces promenades, les grands soirs d'été dans les sentiers ombreux et frais, en compagnie de ce jeune sage de la Grèce. Le calme mystérieux de la forêt donnait un charme incomparable à ses entretiens. Je l'écoutais ému et captivé. Une fois entre autres, il me parlait de ses nuits sans sommeil où il évoquait le passé de l'humanité, son âme se posant les plus insondables problèmes sur le Christ et la Passion. Peu à peu il se pénétrait de son sujet, m'épiant pour saisir mes propres impressions. C'était très solennel (2). »

Jean Gigoux peignit à Ville-Évrard deux portraits du général Don-

(1) *Alfred de Vigny et son temps*, par Léon Séché, p. 271.
(2) *Causeries sur les artistes de mon temps*, p. 110.

zelot et celui de Mme de Ricard, sa nièce. Ces trois portraits furent exposés, le premier portrait de Donzelot au Salon de 1839, le second et celui de Mme de Ricard, au Salon de 1841. Le premier portrait du général est aujourd'hui à la grande salle de l'hôtel de ville de Besançon, et le second est conservé au château de Ville-Evrard. Voici la description du premier par Aug. Castan :

« Toile. — H. 2m50. L. 1m50. — Gr. nat. Représenté en pied, légèrement de trois quarts à gauche, les cheveux blancs rejetés en arrière, les moustaches blanches, vêtu d'un habit de général de division et paré du grand cordon de la Légion d'honneur, il porte un pantalon blanc qui se raccorde avec des bottes à la hussarde ; sa main droite tient une lunette d'approche ; sa main gauche est appuyée sur un sabre de cavalerie. Près de lui, à gauche, on voit, sur un banc de rocher, un chapeau à plumes blanches, un portefeuille de maroquin rouge et une carte dépliée. Le général a derrière lui un bras de mer, au delà duquel on aperçoit de hautes montagnes qui ont à leur pied des constructions militaires (1). »

Une lettre de Mme Lajude, cousine du général, nous dit, mieux que cette sèche description, le sentiment qui se dégage à la vue de ce portrait : « Le portrait de M. le général Donzelot a été envoyé à la mairie d'après la demande très flatteuse qu'en avait faite le conseil municipal ; mon oncle a été le voir. J'ai été aussi lui faire ma révérence, mais je ne puis juger de la ressemblance, n'ayant jamais eu l'avantage de voir le général. Ce n'est pas sans une vive émotion que j'ai contemplé ses traits pleins de dignité et d'une noble simplicité, et en voyant l'air de force qu'il représente, combien je lui ai souhaité qu'en cela surtout le portrait soit parfaitement ressemblant (2). »

Bien que peint avec amour, ce portrait ne nous rappelle qu'imparfaitement la figure du général. Préoccupé de lui donner un air martial, l'artiste, qui n'a fait cette peinture qu'en 1840, alors que Donzelot avait soixante-seize ans, a mis sur ses traits plus d'énergie que de cette fine intelligence dont il était doué, et une certaine mélancolie qui représente mal sa douceur bien connue. On conserve dans la famille du général un autre portrait le représentant plus jeune, alors

(1) Aug. Castan, *Catalogue des peintures, etc., des musées de Besançon.*
(2) Lettre de Mme Lajude, sans date.

qu'il n'était que général de brigade, c'est-à-dire entre trente-six et quarante-trois ans. Ce portrait nous paraît mieux rendre sa physionomie et son caractère : vêtu du costume de général de brigade, il a de grands yeux aux reflets d'acier, un teint mat et ambré avec les cheveux rabattus sur le front, selon la mode du temps (1).

Le général Donzelot, avons-nous dit, était un amateur de peinture, et pour l'éclairer dans son choix et classer ses tableaux, il fit appel à Jean Gigoux. La galerie du général comprenait plus de cent toiles d'un mérite inégal ; Gigoux en fit le catalogue et l'exactitude de ses attributions peut être contestée. Parmi ces toiles nous trouvons deux Tintoret (*Sacrifice aux idoles et le Sauveur*), un Ribeira (*S. Pierre*), un Salvator (*paysage*), un Carrache (*Christ mort*), un Mignard (*Deux saintes*), deux Stella (*Jésus appelant les enfants* et le *Mariage de la Vierge*), un Guido Reni (*Madeleine pénitente*), un Boucher (pastorale), des copies du Poussin, de Rubens, de l'Albane, de Claude Lorrain.

Par son testament, le général Donzelot légua neuf tableaux de sa galerie au musée de Besançon. En voici la nomenclature d'après le catalogue d'Aug. Castan :

1° Giordano (Luca). *Suzanne et les deux vieillards.*

2° Massimo (Stanzioni dit le Chevalier). *Loth et ses filles.*

3° Recco (le chevalier Giuseppe). École napolitaine. *Poissons de mer et huîtres orientales.*

4° Rosa (Salvator). École napolitaine. *L'Annonciation aux bergers.*

5° Vaccaro (Andrea). École napolitaine. *Laban promet à Jacob la main de Rachel.*

6° École italienne, inconnu, XVIIe siècle. *Portiques de l'antiquité et de la Renaissance.*

7° Inconnu de l'école allemande, XVIIe siècle. *Les enfers.* Ce tableau a été attribué au peintre suisse Joseph Heinz qui, étant mort vers 1612, n'a pu produire un ouvrage daté de 1622.

8° Inconnu de l'école flamande. *Fête aristocratique.* Début du XVIIe siècle.

9° *Fête populaire*, pendant du précédent tableau.

(1) Une phototypie de ce portrait accompagne la présente notice.

Donzelot, oublié par le pouvoir, vécut donc pendant dix-huit ans dans les douceurs d'une retraite qu'il sut rendre plus agréable par ses relations littéraires et artistiques. Il eut, pour lui épargner les soucis du ménage, le dévouement d'une sœur bien-aimée qu'il perdit quelques années avant sa mort. Lui-même s'éteignit au château de Ville-Evrard, le 11 juin 1843, dans sa soixante-dix-neuvième année. On lui fit des obsèques solennelles; les habitants de Neuilly, objets de sa générosité, accompagnèrent sa dépouille mortelle de leurs regrets et de leurs larmes. Son nom n'est point oublié parmi eux; il est inscrit avec celui d'autres généraux, ses compagnons d'armes, sur l'arc de triomphe de l'Etoile; on ne le trouve sur aucune caserne et aucun ouvrage de défense de la ville de Besançon, qu'il aimait et qu'il n'oublia point dans ses dispositions testamentaires.

BESANÇON. — IMPRIMERIE VEUVE PAUL JACQUIN.

www.ingramcontent.com/pod-product-compliance
Ingram Content Group UK Ltd.
Pitfield, Milton Keynes, MK11 3LW, UK
UKHW020406220726
13923UKWH00004B/1775

9 782019 969844